영유아 미술지도

Art Guidance for Young Children

박광숙

YANGSEOWON
양서원

머리말

영유아기는 아이들이 자연스럽게 자신을 표현하고 감정을 나누며, 예술적 몰입을 즐길 수 있는 중요한 시기입니다. 미술활동은 이러한 과정 속에서 아이들이 세상을 이해하고 인지 · 정서적으로 성장하는 데 큰 역할을 합니다. 그러나 오늘날 빠르게 변화하는 사회 · 문화적 환경 속에서 미술교육 역시 융합적인 관점과 다양한 접근 방식을 통해 아이들의 창의성 및 사고력을 더욱 폭넓게 이끌어낼 필요가 있습니다.

이 책은 이러한 흐름을 반영하여 영유아 미술교육 전반을 다루고, 현장 교사와 예비 교사들이 바로 활용할 수 있도록 실질적인 예시들을 풍부하게 제시하고자 기획되었습니다. 미술의 기본 요소와 원리, 영유아 미술의 내용, 명화감상 지도 등 다양한 주제를 골고루 다룸으로써 미술교육이 단순한 예술활동에 그치지 않고 아이들의 전인적 성장을 지원하는 체계적인 과정임을 보여주고자 합니다.

구체적으로 이 책은 크게 세 부분으로 구성되어 있습니다.

- 제1부 영유아 미술의 이론 편에서는 영유아 미술의 개념 및 의의, 미술의 요소와 원리, 영유아 미술의 발달단계, 영유아 미술표현의 특성과 유형, 색채와 심리적 이해, 영유아 미술의 내용, 뇌과학적 접근과 다중지능이론, 영유아 미술교사의 자질과 역할, 영유아 미술의 전시 및 평가, 영유아 미술의 환경구성에 대해 살펴보고, 영유아가 경험하는 다양한 미술활동이 어떠한 교육적 가치를 지니는지에 대해 논의합니다.
- 제2부 영유아 미술의 실제 편에서는 영아와 유아를 위한 미술활동을 재료와 기법 중심으로 구체적인 수업 사례를 제시하여, 교사들이 실제로 적용할 때 겪을 수 있는 궁금증

이나 어려움을 해소하고 창의적으로 응용할 수 있도록 돕습니다.

- 제3부 영유아 명화감상의 실제 편에서는 명화감상 지도를 영아와 유아로 나누어 감상활동과 미술활동을 연계해 영유아들의 예술적 감수성과 융합적 사고력을 키울 수 있도록 제안합니다.

이 책은 현장의 교사와 예비 교사, 부모, 그리고 아이들과 창의적인 예술 경험을 나누며 영유아 미술교육에 관심 있는 모든 분들을 위해 쓰였습니다. 영유아기 때 발달하는 미적 감수성과 표현 능력은 아이들의 정서와 언어, 사회성, 사고력 발달과도 깊은 연관성을 지니며 이 시기에 형성되는 예술적 감각과 표현 능력은 아이가 성장해 나가며 전인적 발달과 창의적 문제해결력의 바탕이 됩니다. 이 책을 통해 영유아들이 다양한 매체와 활동 속에서 자유롭게 자신을 표현하고, 교사와 부모는 그러한 과정을 함께 즐기며 온전히 지지함으로써 영유아들의 잠재력이 다채롭게 발현되길 바랍니다.

마지막으로 이 책이 나오기까지 지원을 아끼지 않은 가족과 집필에 도움을 주신 많은 분들께 깊은 감사를 드립니다. 더불어 독자 여러분의 소중한 의견과 현장 사례가 지속적으로 반영되어 영유아들의 예술적 경험에 밑거름이 되며 행복한 성장을 이끄는 데 보탬이 되기를 바랍니다.

2025년 2월

저자 박광숙

차례

제1부 영유아 미술의 이론

제2부 영유아 미술의 실제

1장 영아를 위한 미술지도

2장 유아를 위한 미술지도-재료와 기법 중심으로-

제3부 영유아 명화감상의 실제

1장 영아를 위한 명화감상 지도

2장 유아를 위한 명화감상 지도

1부

영유아 미술의 이론

영유아 미술의 개념 및 의의

01

영유아 미술의 개념

미술이란 감각기관을 통하여 본 것과 인간 내면의 감정이나 생각, 느낌 등을 시각적, 공간적으로 표현하는 조형예술이다. 미술의 사전적 의미는 "공간 및 시각의 미를 표현하는 예술, 그림, 조각, 건축, 공예, 서예 따위로 공간예술, 조형예술 등으로 불린다(표준국어대사전)."고 정의되어 있다. 그러나 미술활동의 본질은 일반적인 미술재료나 어떠한 형식을 통해서 이루어지는 것뿐만 아니라 인간이 행하는 모든 활동과 대상에 미술적 의미가 숨어있다고 볼 수 있다.

인간은 본능적으로 자신을 표현하려는 욕구를 지닌다. 영유아는 흙장난을 하며 종이를 구기고 접고 찢고 또, 다양한 쓰기도구로 끄적거리는 등의 행동을 통해 눈으로 보고, 귀로 듣고, 손으로 만지고, 마음으로 느끼는 것들을 표현하게 되는데 여기에서부터 영유아의 미술활동은 시작된다. 이러한 영유아들의 활동을 성인의 시각에서 본다면 보잘것없는 낙서나 장난에 지나지 않겠지만, 영유아의 활동은 성인의 활동과 그 의미가 다르다. 영유아들은 자신의 작품을 타인에게 보이기 위함이 아니라, 자신의 생각을 표현하려는 그 자체로 중요한 것이다. 그리고 영유아는 미술활동을 통해 여러 가지 정신력을 순화 · 성장시키며 영유아 내부의 갈등이나 스트레스 등 부정적인 감정이 해소 · 발산되어 정서적으로 마음이 안정되므로 정신 건강에 좋은 활력소가 될 수 있고 외계로부터 사물에 대한 인식을 아름답게 해주는 지적 도야에 의의가 있다. 또한, 미술은 영유아로 하여금 사물을 보고 느끼는 능력과 인간의 정서를 풍부하게 길러 주는 계기를 미술은 만들어 준다.

02

영유아 미술의 의의

20세기에 들어와서 많은 사상가나 교육자에 의해서 영유아 미술교육이 가지는 의의와 목적에 대해 새로운 의미를 부여하자는 움직임이 활발하게 일어나기 시작했다. 영유아 미술활동은 단순한 작업 중심의 기능을 키우는 활동이 아니라 조화로운 인격성장에 있다.

미래사회에 있어 인재양성의 목적은 다양한 체험적 활동을 통해 동 · 서양의 미술 문화를 이해하고 정서를 순화시키며 창의적인 사고력을 기르는 데 있다. 다양성과 창의성이 요구되는 21세기를 살아가는 영유아들의 인간 가치와 존엄성을 함양하기 위하여 독창적으로 자기표현을 하게 하며, 사고력의 증진과 긍정적 정서발달을 위한 수단으로서 조형활동은 매우 중요하다고 볼 수 있다.

미술활동은 영유아가 자발적으로 표현함에 있어 그 의미가 크다. 그러므로 영유아의 미술활동이 바람직하게 이루어지기 위해서는 영유아가 일상생활 속에서 호기심을 가지고 탐색하며 창의적인 표현을 경험하는 것이 중요하다. 또한, 미술활동을 통해 주변 사물을 관찰할 수 있으며 관찰한 사물의 특징을 종합적, 세부적으로 표현하는 등의 활동을 통해 인지적, 좌 · 우 뇌의 균형, 신체적, 창의적, 사회적, 정서적 발달 등을 도모할 수 있다.

1) 인지발달

인지란 자극을 받아들이고, 저장하고, 인출하는 일련의 과정으로, 지각과 기억, 사고, 언어능력, 문제 해결 등의 지적 혹은 정신적 사고과정을 의미한다. 블룸(Bloom)의 연구에 의하면 0~4세 사이에 지능발달의 50%가 이루어지고 4~8세 사이에 30%가 이루어지며 8세 이후에 20%가 이루어진다고 한다. 즉, 0~8세 사이에 지능의 80%가 완성되며 이 같은 인지 혹은 지능의 발달은 주변 환경과의 끊임없는 상호작용에 의해 영향을 받으며 발달한다. 따라서 8세 이전의 유 · 아동에게 적절한 자극과 환경은 인지발달에 중요한 요소가 되며, 이때 다양한 미술활동은 사물을 인식하고 주제나 재료, 표현의 방법 등을 선택해야 하는 결정을 수시로 경험함으로써 문제 해결능력을 기르는 데 도움을 줄 수 있다. 그리고 미술활동을 통하여 사물의 크기나 모양, 색깔, 질감, 공간 등을 알게 되며, 자기 주변 세계의 모든 것이 형태와 색과 재질을 가지고 있다는 것을 인식하게 되고 3차원의 세상을 2차원 평면으로 변환하는 능력이 발달하게 된다. 또한, 미술활동을 하면서 리듬, 반복, 배열의 순서와 같은 미술의 원리를 이용하게 되는데, 이러한 과정에서 대상물과 관련된 개념과 어휘 사용이 발달되며 미적 감정이 움트고, 그것이 인식의 사고로 발전하여 보다 높은 미의식을 가지게 된다(김옥련, 1986, 재인용). 그리고 미술활동에서 사용하는 도구들의 사용방법과 용도 등을 이해하면서 과학적이고 합리적인 사고력이 증진하게 된다.

이처럼 미술활동은 다양한 자료의 특성을 경험하여 알게 하고, 세상을 분석적인 방식으로 보도록 하는 지도를 통해서 주변 환경에 대한 물체의 물리적 속성, 사람과 사람과의 관계, 사건의 시간적 순서 등 영유아의 인식을 확장시켜 줄 수 있다.

2) 좌 · 우뇌의 균형 있는 발달

최근 뇌 연구에 대한 관심이 높아지고 있다. 여러 연구에서 인간의 뇌는 좌뇌와 우뇌의 두 반구로 이루어져 있으며 좌뇌와 우뇌는 서로 반대되는 역할을 하는 것처럼 보이지만, 건강한 사람의 경우 두 뇌가 신경섬유 다발인 뇌량으로 연결되어 있기 때문에 서로 영향을 끼치고 협력하면서 정보를 공유하고 소통한다. 일반적으로 좌뇌의 성향이 강한 사람은 논리적이고 분석적으로 사물을 판단하며, 우뇌의 성향이 강한 사람은 어떤 일을 판단하는 데 있어서 일부분만 보는 것이 아니라 전체를 보고 사고할 줄 알며 창의력이 뛰어나다. 즉, 좌뇌가 우세하면 사리에 맞는 과학적인 방식으로, 우뇌가 우세하면 감정이나 직관을 중심으로 일들을 결정한다(백중열, 2008).

우리의 교육은 대부분 읽기, 쓰기, 말하기, 셈하기 같은 언어적이고 분석적이며 논리적인 기능을 담당하는 좌뇌 기능 발달과 관련이 깊다. 이러한 편중된 교육의 영향으로 우뇌를 활용하는 시간이 부족해지면서 자신의 감정을 조절하기 어려워 과격한 행동이나 산만한 행동, 학습부적응 등 다양한 형태의 사회부적응이 나타나고 있다.

그런 점에서 좌 · 우뇌의 균형 있는 발달을 돕는 미술활동은 중요하다. 전뇌발달을 돕는 미술교육의 한 예로 작품을 감상할 때 좌뇌가 그림이 담고 있는 상징을 읽고 색과 형태를 분석한다면, 우뇌는 부분과 전체의 조화와 연관된 이미지를 상상하며 직관적 사고력과 마음속의 생각을 떠올리는 심상을 관장한다. 즉, 미술활동을 통해 작품의 전체적인 계획이나 느낌, 부분과 전체의 조화, 형태나 공간의 인식 등은 우뇌의 작용에 의해 이루어지고, 미술활동 중 생기는 문제에 대한 해결이나 객관적이고 조직적인 사물의 파악능력은 좌뇌의 도움으로 이루어진다(이현아, 2009). 이에 좌 · 우뇌를 자극하고 오감 자극의 다양한 경험을 할 수 있는 미술을 통한 뇌의 균형 있는 발달은 균형 잡힌 사고와 행동으로 연결되며 조화롭고 건강한 삶을 영위하는 데 매우 중요하다.

3) 신체발달

미술활동을 하는 동안 수많은 재료와 도구를 만나게 된다. 이러한 재료와 도구를 손에 잡는 순간부터 눈과 손이 협응하고 대 · 소근육을 사용하게 된다. 도화지에 긁적거리는 활동부터 퍼포먼스(performance) 등의 활동을 통해 크고 작은 근육의 반복적인 사용으로 근육운동을 조절하여 점차 세밀한 표현이 가능해지고 이러한 협응 능력은 읽기, 쓰기의 기초가 된다. 그리고 여러 가지 자료를 가위질하거나 찢어보기, 풀칠하기 등의 활동을 통해 시각과 근육의 조절 기능을 익히게 되며 운동감각을 통합하는 능력을 기르게 된다. 또한, 목공활동이나 점토를 떼어서 주무르고, 굴리고, 두들겨 봄으로써 신체의 고른 발달을 촉진한다.

4) 창의성 발달

로웬펠드는 미술을 통한 인간교육을 강조하면서 미술에서 가장 중요한 것은 창의성을 계발시키는 것이라고 하였다. 창의성이란 이미 알고 있는 경험과 느낌을 바탕으로 새로운 것을 생각해 내거나 만들어 내는 힘을 의미한다. 창의성은 특별한 자만이 갖는 능력이 아니라 누구에게나 잠재하고 있는 좀 더 새로운 형태의 사고능력을 말하며 모방이 아닌 무엇인가를 새롭게 만들어 보려는 능력을 말한다. 즉, 창의성은 어떤 문제에 남과 다르게 접근하는 방법으로 창의력과 독창력 등을 포함하는 융통성 있는 사고나 확산적 사고에 의한 새로운 아이디어를 산출하는 사고능력을 말한다. 영유아는 나름대로 생각하고 경험한 것을 토대로 표현하게 될 때 심리적인 해방감을 누리게 되고, 자유로운 표현을 통해 인정받으며 성취감을 갖게 될 때 지속적인 창조적 표현을 하게 된다. 영유아의 새로운 표현, 즉 창조적 표현은 생활을 통하여 보고 경험한 것을 자기만의 독특한 상상력을 발휘하고 표현하여 기쁨과 즐거움을 맛볼 수 있다. 또한, 영유아 자신의 주관적인 생각으로 새로운 재료를 발견하고 표현의 질서를 개발하도록 하는 여러 가지 도움으로 인해 창의성은 향상될 수 있다.

5) 사회성 발달

영유아는 미술활동의 경험을 통하여 영유아 자신과 타인에 대한 감수성을 증가시켜 사회적으로 성장할 수 있는 기회를 갖게 된다. 한자리에 같이 모여 미술활동을 하는 동안 경험을 나누게 되는데, 이는 다른 활동을 유발시키는 자극이 되기도 하며 여러 가지 일에 대해 서로 의논하고 활동하면서 친구에 대한 이해와 존중을 배우게 된다. 또한, 협동작품을 하면서 서로 도우며 순서나 규칙, 질서를 지킬 줄 알고 미술도구나 자료들을 나누어 사용하면서 양보와 주고받는 요령을 습득하게 된다. 영유아들이 함께 공동 작업을 하거나 그림을 그릴 때 서로 돕고 남의 것을 인정하고 칭찬하며 함께 즐기는 과정에서 협동심을 갖게 된다.

미술활동을 통해서 얻는 자신감은 자신의 존재와 능력에 대한 염려를 덜어 주므로 불안감이 해소되며 친구들과의 관계를 원활하게 한다.

6) 정서발달

미술활동은 의사소통의 수단이며 즐거움의 원천이다. 심리학자 나카시니 요시오는 그림을 마음의 엑스레이, 누군가에게 도움을 구하는 'SOS'라고 표현했다. 그리고 에릭슨(Erikson)은 '미술을 놀이의 한 형태로 자연적인 자기 치료효과가 있다'라고 했다. 영유아의 그림에는 잠재된 마음이 무의식중에 투영된다는 사실이다. 즉, 영유아의 긁적거림과 같은 낙서나 자발적인 생각과 경험에서 우러나오는 미술활동은 그 자체가 내면적인 충동을 투사하여 나타낸 것이다. 현대사회는 물질적으로는 풍부한 시대가 되었지만, 정서적으로는 급변하는 사회적인 변화로 인해 많이 쓰게 되는 단어 중 하나가 불안이다. 이것은 결과에만 치중되어 부추기는 경쟁의식이나 조기 또는 과잉 교육열로 영유아의 생각과 욕구가 생활 환경에서 신체적, 정서적으로 조화롭게 성장되지 못하고 있음을 의미한다. 미술은 그림을 그리면서 자신의 감정을 표현하게 되므로 긴장을 풀 수 있고 만족감과 성취감을 느낄수 있을 뿐 아니라 편안한 감정을 얻을 수 있다. 또한, 그림을 통해 표현되는 감정을 재인식하게 되므로 감정을 제어할 수 있는 능력을 기르게 되고 궁극적으로 정신건강에 도움을 준다. 생활 속에서 스트레스를 많이 받으며 정서적으로 상처받기 쉽고 산만한 생활을 하기 쉬운 현대의 영유아들에게 미술은 이런 불안이나 긴장감을 해소하는 감정의 배출구 역할을 한다.

그리고 미술은 영유아가 생각하고 경험한 것을 표현하거나 감각이나 감수성, 감정이입 등 개인적인 욕구를 가장 잘 충족시켜 줄 수 있는 활동이다. 미술은 영유아의 독특함과 타고난 가치가 특별히 인정되는 활동이기 때문에 영유아의 자기 가치 구축을 위한 수단이 될 수 있으며, 이는 영유아 생활의 모든 영역에 자존감이 넘치게 한다. 또한, 무에서 유를 만듦으로써 자신감과 힘을 얻게 되고 여기서 얻은 자신감은 그들의 다른 활동으로 전이될 수 있다(오종숙, 1988). 영유아에게 환경에 대한 자신의 느낌과 생각을 표현할 수 있는 기회가 많이 주어질수록 정서적 즐거움과 만족감을 갖게 되고 자기 확신감과 긍정적 자아개념을 갖게 된다.

미술의
요소와 원리

01

미술의 요소

미술의 요소란 회화나 조각, 미술 등 사람의 시각이 인지할 수 있는 모든 예술작품을 창조할 때 사용되는 기본적인 요소로 점, 선, 면, 형, 색, 질감, 공간 등을 말한다. 이러한 구성요소를 어떻게 구사하느냐에 따라 약동하는 표현이 될 수도 있고 무미건조한 표현이 될 수도 있다. 미술의 요소를 이해하는 교사는 영유아와 선, 색, 형태, 질감 등을 포함하는 미적 요소에 초점을 두고 이야기 나눌 수 있으며 영유아의 생활 속에서 아름다움에 대해 탐색하고 표현, 감상하는 활동을 통해 미적 요소를 자연스럽게 인식하고 경험할 수 있도록 유도해야 한다.

1) 점

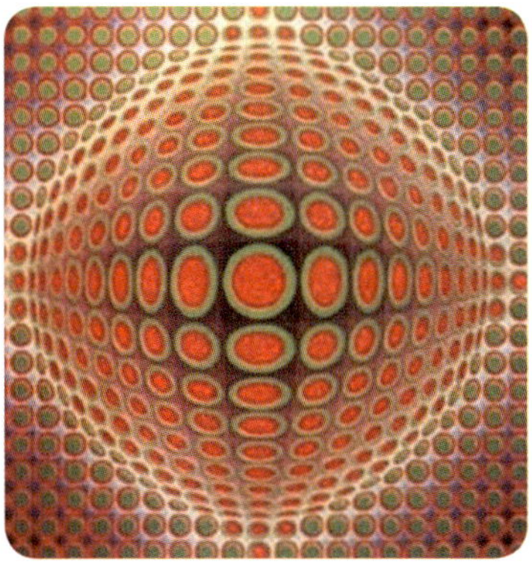

바자렐리 '직녀성'(1969)

점은 형태를 지각하는 최소의 단위로 평면이나 공간 위에서 일정한 위치를 나타내나 일반적으로 방향은 없다. 점이 연속되어 나타날 경우 선으로 보이며 크기가 커지면 면으로 인식되기도 한다. 조형에 있어서 점의 위치나 크기, 수량, 연속 정도 등에 따라 무게감이나 질서감, 리듬감, 긴장감 등을 느끼게 한다.

2) 선

칸딘스키 '노랑 빨강 파랑'(1925)

보통 색이나 면과 함께 형태를 표현하는 중요한 수단으로 선의 종류나 길이, 놓이는 방향에 따라 감정이나 정서가 나타난다. 선에는 크게 직선과 곡선이 있으며 직선에는 수평선, 수직선, 사선, 톱니선 등이 있고, 곡선은 여러 형태로 표현이 가능하다. 직선은 강렬, 명료, 단순, 딱딱해서 날카로운 느낌을 주고 곡선은 부드러우며 율동감의 느낌을 준다.

영유아와 작품 속의 선의 특징에 대해 살펴보고 다양한 형태로 표현되는 선에 대한 느낌에 대해 이야기 나눌 수 있다.

3) 면

몬드리안 '브로드웨이 부기우기'(1943)

선의 시작과 끝이 만나면 면을 형성하게 되며 이 면은 길이와 폭이 있으나 깊이가 없다. 면의 형태나 질감, 크기 등에 따라 다양한 느낌이 표현되며 또, 일정한 형태를 만들어 낼 수 있다. 면은 명암이나 색채 등으로서 입체감을 나타낼 수 있으며 움직임이나 리듬감 등을 느끼게도 한다.

4) 형

피카소 '세 명의 음악가'(1921)

다른 것과 구별되는 특징을 지닌 사물의 개별적인 생김새나 모양을 의미한다. 면과 면이 모이면 부피감을 형성하고 3차원적인 공간을 나타낼 수 있다. 2차원 평면에서 선의 변화로 형성된 모양을 형(shape)이라 하고 3차원 입체에서의 형은 형태(form)라고 부른다. 미술에서는 크게 형을 구상형과 추상형으로 나눈다. 보통 구상형이란 표현된 대상을 구체적으로 알 수 있는 형태를 말하며 추상형이란 표현된 대상에서 구체적인 사물의 형상을 알 수 없는 형태를 말한다.

영유아와 작품 속에 표현된 형을 자세히 살펴보고 특징과 느낌에 대해 이야기 나눌 수 있다.

5) 색

빛의 스펙트럼 파장에 의해서 식별할 수 있는 시감각의 특성으로 색은 곧 빛이고 물질이며 또한 감각의 세계라고도 할 수 있다. 색의 유무에 따라 유채색과 무채색으로 나누며, 일반적으로 색상, 명도, 채도의 3속성으로 색을 이해할 수 있다. 그리고 색에는 진출과 후퇴의 성질이 있어 고채도의 난색계와 밝은색은 가까이 보이고, 저채도의 한색계와 어두운색은 멀리 보인다. 색은 자연물이나 인공물 본래의 색인 고유의 색과 광선에 따라 달라 보이는 인상의 색, 작가의 감정이나 생각에 의해 창의적으로 표현되는 창조의 색으로 분류할 수 있다.

드랭 '런던 다리'(1906)

6) 명암

물체에 빛이 비치면 밝고 어두운 부분이 생기며, 이때 빛을 받은 부분을 '명(明)', 어두운 부분을 '암(暗)', 즉 빛에 의해 나타나는 밝고 어두운 정도를 명암이라고 한다. 명암의 표현에 의해 사물의 실재감과 입체감이 표현되며 고도로 집중되거나 강하게 대비된 명암 등에 따라서 감정이 자극되기도 한다.

렘브란트 '갈릴리 폭풍우 속 그리스도'
(1633)

7) 질감

베르메르 '우유를 따르는 여인'
(1660년경)

모든 사물에는 그 표면에 부드럽거나 매끄러운, 거친, 울퉁불퉁한 등의 성질을 가지고 있다. 질감은 그 표면을 직접 만져서 느껴지는 촉각적 재질감과 화면에 표현된 대상 등을 눈으로 봐서 느껴지는 시각적 질감으로 나눌 수 있다.

8) 공간

밀레 '이삭줍기'(1857)

작품 내에서는 형들 간의 거리를 의미하며, 작품이 구성되는 장소와 작품 안의 공간, 작품 주변의 공간을 포함한다. 모든 공간은 3차원 형태를 가지고 있으며 작품의 방향감이나 균형적 구성, 움직임 등을 표현하는 데 있어서 공간은 매우 중요한 역할을 한다.

02

미술의 원리

미술의 원리는 하나의 작품을 완성하기 위해 미술적 요소들을 사용하여 이미지를 효과적으로 표현하는 형식의 원리로서 균형, 강조, 비례, 리듬, 통일, 변화, 조화 등을 말한다.

1) 균형

크기와 색, 질감 등 어느 한쪽에 치우치지 않고 중심을 잡아 주는 것, 즉 다른 요소들 사이의 평형 상태를 말한다. 균형에는 사람의 얼굴이나 곤충 등 좌우의 형태와 색, 질감 등이 같고 중앙에서 엄밀하게 균제되는 대칭균형이 있다. 그리고 균형을 이루는 정확한 규칙은 없지만 크기나 형과 색 등 좌우의 요소가 다르나 크기, 명암, 색 등의 무게가 균형이 잡힌 상태의 비대칭 균형, 꽃이나 태양광선의 방사처럼 핵심에서 둘레의 균형을 취하고 있는 방사형 균형이 있다.

타지마할

2) 조화

르느와르 '두 자매'(1881)

전체와 부분의 어울림, 형, 색, 크기, 질감 등의 요소가 서로 어울리는 상태를 말한다. 조화란 둘 이상의 요소가 서로 긴밀한 관계를 가지고 아름다움을 느끼게 하는 요소로 전체적인 질서를 잡아주는 데 중요한 역할을 한다. 각기 성질이나 상태가 비슷한 것끼리의 어울림을 유사성 조화, 서로 이질적인 것의 관계에서 나타나는 조화를 대비적 조화라고 한다.

3) 리듬

달리 '소름의 시작'(1928)

같은 형이나 유사한 형태, 색, 명암, 질감 등이 반복되었을 때 통일감이 깃든 아름다움과 질서감, 생동감 등이 나타나게 되는데, 이때 변화가 있는 반복을 리듬이라고 한다. 리듬에는 같은 형이나 색, 명암, 질감 등이 반복되어 정적이면서도 움직임을 느낄 수 있는 반복리듬과 마치 방사형 균형에서처럼 핵심으로부터 점점 팽창하거나 수축되어 일어나는 점진적 리듬(gradation) 등이 있다.

4) 비례

파르테논 신전

길이나 면적 등의 부분과 부분 또는 부분과 전체의 조화로운 양적 관계를 말하며, 가장 조화롭고 전형적인 아름다운 비율은 황금분할로 시각예술에서 중요한 역할을 한다.

적절한 비례는 시각적으로 보기에 편안하고 안정감을 주지만, 과장이나 축소 등의 비율은 작품의 분위기나 느낌, 정서 등에 영향을 미친다.

5) 통일과 변화

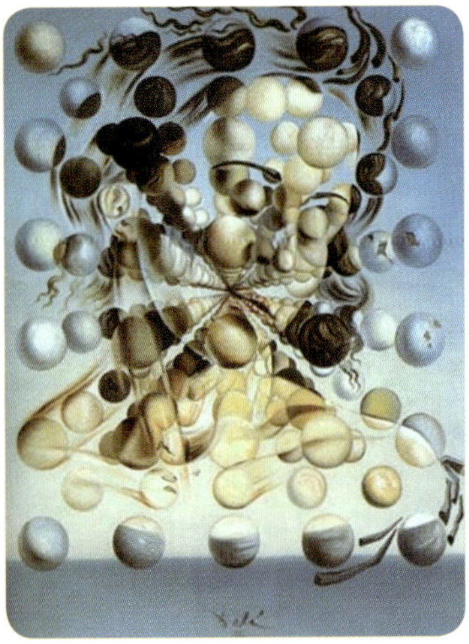

달리 '원구로 그려진 갈라테아'(1952)

통일이란 형이나 색, 질감, 재료, 표현 기법 등 미적 요소의 시각적 통일성을 말한다. 통일성이 있으면 질서와 안정감을 주고 힘이 있고 혼란을 방지할 수 있으며 지나치면 지루하고 단조롭게 느껴질 수 있다. 변화란 단순한 형이나 색 등에 활력과 생동감, 자유로움을 주는 요소를 말한다. 예를 들면 같은 크기의 것보다 크고 작은 것, 길고 짧은 것, 굵고 가는 것, 진하고 연한 것이 배치되었을 때 변화를 느낀다. 그러나 변화가 지나치면 산만해지며 혼란을 줄 수 있으므로 통일과 변화의 특징을 알고, 적절하게 구성하면 이상적인 조형미를 전달할 수 있다.

6) 강조

루소 '숲속의 빨간 옷을 입은 여인'
(1907)

작품에서 특정한 부분에 변화를 주어 보여 주고자 하는 부분을 두드러지게 표현하는 것을 의미한다. 평범한 분위기에 긴장감을 주는 요소로 형태나 색채 등의 강조를 통해 변화가 생기며 강조가 지나치면 통일감이 깨진다.

영유아 미술의 발달단계

01

평면표현의 발달단계

영유아의 그림은 자신의 표현이고, 자유로운 표현이며, 이 자유로운 표현은 육체적 활동과 정서적인 활동의 넓은 범위에서 활용된다고 Read는 말하였다. 인간은 성장과정에서 자기 나름대로 육체적 · 정서적인 특성을 보여 주면서 자라게 되는데 영유아의 그림은 그들의 성장과정과 특성을 잘 나타내고 있다.

영유아의 표현은 자신의 내면 세계와 주변 세계에 대한 환경의 반영이며 자신의 시각상징이라고 할 수 있다. 이러한 영유아의 표현은 일정한 순서와 단계를 거쳐서 발달한다. 그러나 그 순서와 단계는 관점에 따라 견해가 다르고 또 개인에 따라서는 성장의 속도, 환경, 소질, 의욕, 개성 등에 따라 차이가 있으므로 일률적으로 규정하기는 어렵지만 현재까지 소개된 내용들은 어느 면에서 공통점을 가지고 있다. 여기에서는 평면표현의 발달단계를 제시한 켈로그(R. Kellogg)와 리드(Read. H), 로웬펠드(Lowenfeld), 그리고 우리나라 영유아의 성장과정을 기초로 미술의 발달과정을 구분한 김정(金正)의 연구를 살펴보고자 한다.

1) 켈로그

켈로그(R. Kellogg, 1969)는 20여 년 동안 미국을 비롯하여 여러나라 아동의 그림을 백만 점 이상 수집하여 영유아의 그림발달을 연구하였다. 켈로그는 전 세계 영유아의 끄적거리기가 유사하다는 것을 제시하였고, 2세 전후에서 5세 경까지 영유아의 그림을 기본형태단계, 단순도형단계, 디자인단계, 초기회화단계로 분류하였다.

① 기본형태단계(2세 전후)

켈로그는 2세 전후 영유아의 그림을 20가지 기본 형태로 분류하였다. 켈로그는 이 20가지 끄적거리기가 미술활동의 기초가 되는 중요한 출발점으로 영유아의 그림에 일련의 다양성과 연계성이 있는 것을 발견하였다.

***켈로그(Kellogg)의 기본적인 끄적거리기 분류**

초기의 기본적인 끄적거리기는 점차 능숙해지면 도화지의 중앙이나 오른쪽, 왼쪽, 위, 아래, 대각선 등 어떻게 배치할 것인지 생각하여 구성하게 된다.

② 단순도형단계(2~3세)

단순한 도형이 출현하는 단계로 2세경이 되면 배치형태가 나타나는 끄적거리기를 하다가 3세가 되면 낙서와 도형의 중간형태인 유사도형이 나타난다. 단일선으로 주로 타원형, 직사각형, 십자형, 삼각형, 대각선 십자형(X), 불특정 형태 등 6개의 기본형태가 나타난다.

③ 디자인단계(3~4세)

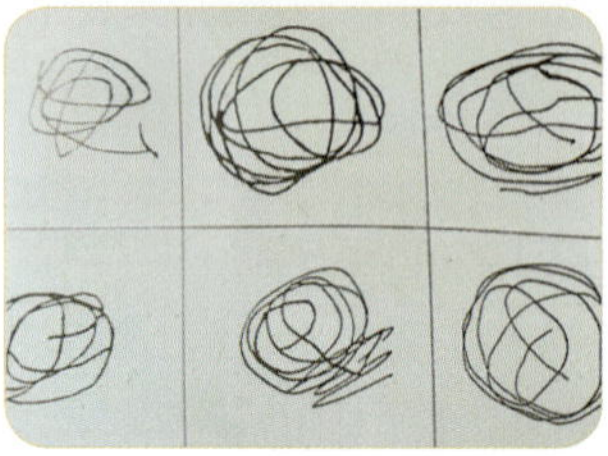
만다라 도식

2가지 이상의 도형을 결합하거나 3가지 이상 도형의 집합을 이루면서 디자인을 하기 시작한다. 만다라 도식과 만다라형, 방사선형, 태양형 인물이 나타나며 비교적 균형 잡힌 그림이 나타난다.

만다라형 인물

방사선형 인물

태양형 인물

④ 초기회화단계(4~5세)

4세 이후부터는 종이의 면과 중앙을 의식하게 되며 사람, 나무, 동물, 집 등의 사물을 사실적으로 표현하게 된다. 켈로그는 영유아그림의 발달과정을 기본적인 낙서에서 기본 도형의 연합, 집합, 태양형을 거쳐 비교적 완전한 인물형태로 발달해 가는 도식을 다음과 같이 제시하였다.

***켈로그(Kellogg)의 영유아그림 발달과정**

2) 리드

리드(Read, H)는 '예술에 의한 교육'에서 영유아 평면 표현의 발달단계를 다음과 같이 구분하였다.

(1) 착화기(2~5세)

① 맹목적 착화

어깨와 팔을 움직이는 단순한 근육운동으로, 대개 오른쪽에서 왼쪽, 왼쪽에서 오른쪽으로 선을 긋는 경우가 많다.

② 목적적 착화

낙서에 목적을 가지며 무엇을 그리고 있다는 막연한 의미부여 정도이다. 그림을 그린 후에 제목을 붙이기도 한다.

③ 모방적 착화

단순한 팔목 운동이 아니라 어느 정도 대상을 의식하고 묘사하려고 노력하나 1~2분도 채 그리지 못하고 중도에 포기해 버린다.

④ 국부적 착화

대상의 부분을 묘사하려고 애쓴다.

(2) 선의 시기(4세)

인물을 즐겨 그리며 얼굴은 원으로 그리고, 눈은 점으로 표현한다. 또한, 몸통은 생략된 채 팔과 다리는 가는 선으로 표현하며 완전한 형태의 인물이 그려지지 않고 보통은 다리를 손보다 먼저 그린다. 이와 같은 형태의 그림을 두족인이라고 말한다.

(3) 서술적 상징기(5~6세)

미의식이 상당히 높아져서 자연이나 친구의 옷에도 관심을 갖게 되고 그림도 뜻대로 안 될 때 끝까지 완성하지 않고 그만두는 경우가 많다. 선으로만 표현하던 엉성한 형태는 점차 정리되는 듯하나 틀에 박힌 듯한 상징적인 약화로서 처리되는 경우가 많다.

(4) 서술적 사실기(7~8세)

사물을 눈에 보이는 대로 그리는 것이 아니라 영유아가 알고 있거나 경험한 것을 주로 그리며 장식적이고 디자인적인 표현에 관심이 많은 시기이다.

(5) 시각적 사실기(9~10세)

기억하고 있거나 경험한 것을 그리는 단계에서 점차 자연물이나 풍경을 찾아 그린다. 2차원의 윤곽선만으로 그리는 평면적 표현에서 명암과 투시법, 원근법을 사용하여 입체적인 표현을 시도하는 시기이다.

(6) 억제기(11~14세)

사물과 다르게 표현된 자신의 그림을 객관적인 시각으로 보면서 실망하게 된다. 그리는 것에 흥미를 잃어버리고 표현하려는 대상을 언어로 표현하는 데 더 관심을 가지므로 인물의 표현은 줄어든다.

(7) 예술적 부활기(15세 이후)

억제기에 주춤했던 그림이 다시 표현에 의욕을 갖는 시기로서, 남녀 간의 뚜렷한 구별이 나타나며 남자는 기계적이고 기술적인 표현에 관심을 보이는 경우가 많다.

3) 김정(金正)

김정(1992)은 한국인의 특성에 맞추어 신생아기를 추가하여 7단계로 분류하였다.

김정의 발달이론은 우리나라 영유아들을 대상으로 연구한 결과이므로 우리나라 미술교육에 보다 근접한 미술발달 단계로 활용될 수 있다는 장점이 있다. 본 절에서는 도식기까지만 서술한다.

(1) 신생아기(1~3세)

신생아기는 출생 몇 개월 후부터 3세까지 구분한 것으로, 아무거나 잡는 대로 입에 갖다 대거나 또는 마구 휘적거리는 등의 행동을 보인다. 그것은 그림을 그린다고 볼 수는 없으나 뭔가 그리는 시늉을 하는 것으로 볼 수 있다. 그림이 아니라 낙서 또는 장난으로 보는 것이 가까우나 그림을 그린 아동의 내심에는 무엇인가 그렸다고 생각하고 있을 것이다. 우리나라의 영유아가 서양의 영유아보다 묘화행위가 일찍 발달하는 경향이 있다 할지라도 여기에서는 묘화발달의 과정으로서 그 의미가 더 중요하다고 할 수 있다.

(2) 난화기(3~5세)

난화기는 그림에 대한 관심이 차츰 높아지면서 그림과 낙서가 동시에 뒤섞인 형태로 나타난다. 아직 통제되지 않은 근육운동이 미분화 상태이기 때문에 아무거나 그려내며 그림이라기보다는 낙서에 비중이 더 가는 시기이다.

난화기에는 초기, 중기, 말기로 나뉘는데, 초기에는 손에서 그어지는 그림 형태가 뚝뚝 끊어지는 현상이 나타난다. 중기에는 선이 끊어지지는 않는 능력이 생기면서 좌우로 끄적거리는 평면적 직선에 가깝게 된다. 말기에는 이러한 과정이 숙달되면서 좌우로 움직이던 연결선이 초보적인 회전운동으로 나타나는데, 원의 표현은 그림을 즐겁게 해 주는 계기가 된다.

이 난화기를 최초의 그림이 시작되는 시기라고 보는 견해도 있고 전혀 놀이 외에는 아무것도 아니라는 견해도 있다. 불규칙하게 그어지는 선은 목적의식이 없고 그냥 손으로 놀이하는 욕구 표출의 한 방법인 것이다. 그러나 그림의 시초가 되는 시기임에는 누구도 부정할 수는 없으며, 난화기를 조형미술의 한 구조로 볼 때 대단히 중요한 시기로 꼽는 것은 바로 이러한 최초의 묘사 행위가 싹트는 단계라는 점이다.

(3) 전도식기(5~7세)

전도식기는 무의식적인 표현과정에서 차차 의식적인 표현으로 접어드는 시기로 혼자 그려낼 수 있다는 자신감으로 충만해 있으며, 감정적으로 그들의 본능욕구에 의하여 그려댄다. 사물을 보는 지각능력이 상당 수준으로 높아져 주관적인 표현에서 객관적 표현으로 성장해 간다.

이 시기에는 인물을 가장 많이 그리면서 점점 구체적 형태로 발전하는데, 연령이 증가하면서 얼굴 모습이 구체화된다. 또한, 수평으로 연결된 팔과 수직으로 몸통과 다리를 그려 상징되는 인물상이 나타난다. 마음먹은 대로 그리고 싶은 것을 막힘 없이 그려 아동 그림의 황금기라 할 수 있다. 그러나 아직 공간 개념, 원근 관계, 대소 관계 등이 무시된 채 주관적인 사고에 의해 그림을 그리는 경우가 많다.

(4) 도식기(7~9세)

도식기는 사람과 사물에 대한 일정한 개념을 찾아내게 되고 형체의 모습도 자신을 갖고 보게 되며, 독자적인 표현방법이 나타나게 된다.

사물의 외면과 내면의 형태 묘사가 시도되고 상징성이 후퇴되며, 점차 객관적 사실에 접근하려는 노력이 보인다. 창의적인 표현보다 사물의 개념을 인식하게 되고, 형태의 변화와 함께 기하학적인 선 감각은 천진난만하고 동심이 깃들어 있는 듯한 꾸밈과 모양과 색을 사용하고 있다. 그러나 주관과 객관의 중간에서 고민하는 단계이기 때문에 표현성에 유연성을 상실하기 쉽다.

4) 로웬펠드

현대 미술교육에 가장 크게 영향을 끼친 심리학자 겸 화가인 로웬펠드(V. Lowenfeld)의 발달단계에 대한 분석은 일반적으로 가장 널리 알려진 연구이다.

로웬펠드는 "유아를 제대로 이해하고, 창조적인 성장을 촉진하기 위하여 미술교육은 엄청난 잠재력을 가지고 있으며, 모든 영유아는 독특하다. 그러므로 영유아의 일반적인 성장에 관련된 창조적인 표현의 발달을 이해하는 것은 영유아의 어떤 성취에 동기를 줄 수 있을 것이다"라고 전제하고, 영유아가 처음으로 크레용을 쥐고 마구 그리게 되는 난화기부터 청소년기의 미술을 6단계로 나누어 제시하고 있다. 본 절에서는 의사실기까지 소개하도록 한다(Lowenfeld and Brittain, 1970).

(1) 난화기(2~4세)

Scribble에서 번역된 난화란 미분화 또는 착화의 상태를 말한다. 아무런 목적 없이 충동적인 선묘를 하며 무의식 운동이라고 할 수 있는 최초의 표현단계이다. 이 최초의 표현과 방법은 자아표현의 시작으로 영유아의 성장에 매우 중요하다. 이 시기의 영유아는 시각적으로 보이는 대상을 그리지 않으며 종이 위나 아무 곳에 끄적거리는 행위로 인해 능동적인 근육운동지각을 경험하게 되고 근육운동 자체의 움직임에 흥미와 만족감을 느끼게 된다.

① 난화의 일반적인 발달

- 무질서한 난화기 – 무의식적인 선들을 목적이나 방향감각 없이 자유롭게 마구 그리는 단계로서 팔의 움직임에 따른 그림과의 인과 관계를 인식하지 못하는 자연스러운 표현이다. 손과 손목의 운동능력이 발달되지 않아 뚝뚝 끊어지는 선이나 팔을 크게 휘두르며 불규칙하게 마구 휘두른 무질서한 선의 형태가 나타난다. 어른에게는 낙서 같고 보잘것없어 보이는 그림 같지만 영유아에게는 손놀림에 따른 중요한 첫 경험이 된다.
- 조절된 난화기 – 난화를 시작한 후 6개월 정도가 지나면 팔의 움직임에 따라 종이에 나타나는 결과를 발견하게 되지만 다른 창조적 의도는 가지고 있지 않다. 새로운 발견의 즐거움은 팔의 움직임을 조절하여 수평선이나 수직선, 원이나 고리모양을 반복하여 표현한다.
- 명명하는 난화기 – 목적 없이 불규칙하게 그어진 선들은 차츰 원이나 다양한 도형의 형태로 나타나게 되고 자신의 그림에 이름을 붙이게 된다. 이전에는 손

의 움직임에 만족하였으나 이제는 이러한 움직임을 주변의 세계와 연결을 시도하게 된다. 그러나 자신이 끄적거린 것에 붙인 이름은 그 명칭과 그림이 유사하지 않거나 물을 때마다 이름은 자주 바뀐다. 이 명명기에는 영유아가 그림에 명명하는 대로 교사는 그림 옆에 글로 기록해 주어 존중감을 느낄수 있도록 하는 것이 좋다. 이 시기는 생각과 시각적 기억력으로 그림을 그리지만 초기의 난화와 비교해서 크게 달라지지는 않는다.

② 난화기의 지도방법

난화기의 단계에서는 그림 그리기를 가르치려고 강요하거나 간섭해서는 안 되며 스스로 그릴 수 있도록 환경을 제공해 주어 자연스럽게 유도하는 것이 좋다. 이 시기에서 가장 중요한 것은 어른의 이해와 격려라고 할 수 있다. 이 시기는 운동감각을 통합하려는 중요한 경험 때문에 색의 사용은 그다지 중요하지 않으며 오히려 많은 색의 사용은 영유아에게 혼란을 준다. 데칼코마니 활동이나 물감을 섞어보며 색의 변화를 경험하는 등 난화기 시기의 재료는 표현을 용이하게 할 수 있어야 하며 근육운동지각 동작을 조질하러는 욕구가 이 시기에 가징 우선시 되이야 힌다.

수채화 물감처럼 묽어서 쉽게 흘러내리는 물감보다 농도가 짙고 색상이 선명한 포스터물감과 크레용, 매직이나 네임펜, 색연필 등을 제공하여 근육운동을 돕는 것이 좋다. 그림 그릴 수 있는 다양한 재질의 경험이 중요하나 이 시기는 신문지나 벽지, 포장지 등과 같은 여러 가지 인쇄와 색깔을 지닌 재질은 영유아가 혼란스러워 할 수 있으므로 피하는 것이 좋으며 오히려 자신의 흔적이 뚜렷하게 드러나는 흑백 대비가 선명한 매체, 즉 하얀색 도화지나 화이트 보드판에 검은색 크레용이나 매직 사용 등을 권장한다. 또한, 벽에 깨끗하고 밝은 도화지를 붙여 주어 선긋기를 하거나 낙서를 즐길 수 있도록 환경을 제공해 준다. 밀가루나 녹말풀에 여러 가지 향과 천연색소를 섞어 만든 핑거페인팅(Finger Painting) 활동이나 밀가루 점토로 탐색하는 등 입으로 탐색 가능한 시기이므로 안전에 유의하여 재료를 경험하도록 한다.

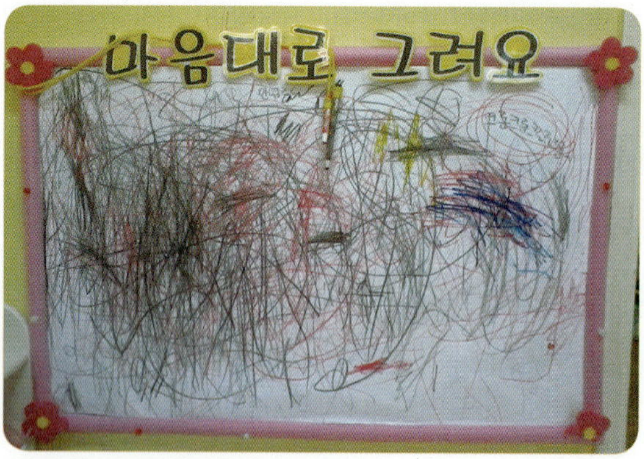

낙서판

(2) 전도식기(4~7세)

① 전도식기의 일반적인 발달

난화기에서 보여 주는 무의식적인 표현과정에서 차츰 의식적인 표현단계로 접하는 시기이다. 상징적인 도식표현의 최초 단계이며 영유아는 각자의 방법으로 특유의 도식을 형성하려고 시도한다. 첫 표현의 상징은 머리에서 다리가 나오는 두족인 형태의 인물을 많이 시도하며 인물을 포함한 꽃이나 집, 동물얼굴 등 대부분 사물은 정면의 형상으로 많이 그린다. 이와 같은 인물의 표현은 차츰 분화하여 팔, 몸통, 손가락, 옷, 머리카락 등을 표현한다. 이 시기의 그림은 눈에 반영되는 외부 세계를 표현하기보다 경험한 것이나 이미 알고 있는 내용을 그리며 본능적인 욕구에 의해 좋아하는 대상을 표현한다. 불완전한 형태로부터 혼자서 완전한 형태를 그릴 수 있다는 것은 이 시기의 영유아에게는 놀라운 경험이 아닐 수 없다. 이 발달단계 동안 영유아는 끊임없이 새로운 개념을 찾고 재현 상징들도 계속 변하게 된다. 그림마다 개인차가 심하게 나타나고 같은 대상을 각자 다른 시각으로 보고 표현하게 되는, 창의성이 발달하는 시기이기도 하다.

② 전도식기의 지도방법

전도식기의 공간표현은 사실적 표현의 첫 단계로서 어른의 공간개념과 전혀 다른 공간개념을 보여주며 자기를 중심으로 대상을 배열한다. 또한, 색은 자기의 감정이나 정서에 따라 색채를 사용하게 되고 사용한 색과 대상의 실제 색채와는 관계가 없는 경우가 많다. 이때 사용한 색에 대해 비평하거나 고쳐 주기보다 스스로 알아갈 수 있도록 관찰과 대화를 통해 동기유발을 시켜 주는 것이 필요하다. 또한, 원색중심에서 파스텔 계열의 색에 서서히 관심을 보이는 시기이므로 생활 속에서 색에 대한 다양성과 민감성을 기를 수 있는 다양한 색채경험이 필요하다. 이 시기에는 미적인 경험을 풍부하게 해주는 것이 중요하며 주변 환경에 대한 인식과 감수성을 자극시켜 주는 것이 좋다.

재료는 정형화된 도화지보다는 도화지의 모양이나 색에 변화를 주는 것이 좋으며 가소성 소재인 다양한 점토종류나 사인펜, 색종이, 여러 가지 콜라주 재료 등 주변에서 쉽게 접할 수 있는 탐색이 가능한 재료가 좋다.

(3) 도식기(7~9세)

① 도식기의 일반적인 특징

도식(Schema)이란 의도적인 경험으로도 변화시키지 못하는 정도의 반복해서 이루어진 아동의 개념을 말한다. 이 시기에는 사물에 대한 개념이 형성되는 시기로 인물이나 사물의 형태를 반복해서 그림으로써 개별적인 일정한 도식이 나타나게 되므로 동일한 도식은 존재할 수 없다. 도식적인 표현으로 의미를 나타내기도 하고 주관을 강조한 사물의 특징을 강하게 표현하기도 한다. 이 단계에서 가장 중요한 발견은 공간관계에 일정한 질서가 있음을 발견하고, 그리고자 하는 대상을 좀 더 세부적이고 장식적으로 표현하거나 정서적인 상태에 따라 강조하거나 생략하는 등 다양한 표현의 특징이 나타나기도 한다.

② 도식기의 지도방법

도식기에서 가장 중요한 것은 아동의 제안에 개방적이고 융통성 있는 분위기를 만드는 것이다. 이 시기에는 남아와 여아의 주제에 대한 관심의 차이가 나타나기 시작하므로 주제를 줄 때 개별적인 흥미를 가질 수 있도록 때에 따라 넓은 의미의 주제를 제시하고 적절한 동기부여로 표현의 호기심을 유발하도록 한다.

색채 사용에 있어서 대상에서 보이는 색채와 표현되는 색채 사이와 관계가 있음을 알게 되며, 특정한 대상에 대해서는 일정한 색을 결정하여 그 색을 반복해서 칠하게 된다. 이 시기에는 지나친 간섭이나 지시보다 확산적 사고와 자발성을 중심으로 자유롭고 자신감 있는 표현력이 길러지도록 지도되어야 한다.

(4) 또래집단기(9~11세)

① 또래집단기의 일반적인 특징

여명기 또는 사실기로 넘어가는 과도기라고도 한다. 사회적 독립을 깨닫고 비밀을 공유하기를 좋아하며 공동 작업이나 집단적 놀이를 즐기는 시기이다. 머리카락, 골격, 의상 등에서 남자는 바지, 여자는 치마라는 상징적이고 도식적인 것에서 벗어나, 대상을 좀 더 적극적으로 탐색하고 관찰하여 객관적이고 세부적으로 표현하려고 시도한다. 공간표현에서 기저선이나 나열식 표현 등의 주관적인 표현보다 건물 일부가 앞에 있는 집으로 인해 가리어져 안보일 수 있다는 중첩을 인식하며 다시점에서의 표현이 가능하다. 색채 사용에서도 화창한 날의 하늘과 비 올 때 하늘색의 차이를 알고 같은 색도 조금씩 다르게 표현하는 등 좀 더 객관적이고 사실적인 표현의 양상을 보인다.

② 또래집단기의 지도방법

한편, 영유아기의 왕성했던 표현력이 도식적 표현과 사실적 표현 사이에서 고민하며 표현의 어려움을 겪으면서 점차 자신감을 잃고 표현의욕이 감소된다. 객관적이고 사실적인 묘사에만 치중하는 것이 때로는 상상력의 발달을 제한하고 다시 개념화를 초래할 수 있기 때문에 현실에서의 경험을 바탕으로 개성 있고 창의적으로 표현할 수 있도록 하며, 색채 사용 시 스스로 색채에 대해 지각하고 반응하여 경험을 확장시킬 수 있도록 한다. 이 시기에는 입체적인 표현이 가능한 점토나 다양한 물감, 콜라주 등 여러 가지 매체 사용이나 표현의 다양성을 경험하도록 하는 것이 좋다. 예를 들면, 크레파스 사용 시 힘껏 문질러서 사용하는 일반적인 방법 외에 눕혀서 사용하거나 점 찍고 휴지로 문질러서 표현하기, 또한, 붓 대신에 칫솔이나 솔잎, 면봉 등의 사용으로 한 가지 매체라도 다양하게 표현하거나 대체자료 사용하는 법을 경험하도록 하여 표현의 흥미를 잃지 않고 창의적인 표현을 시도할 수 있도록 지도한다.

(5) 의사실기(11~13세)

① 의사실기의 일반적인 특징

지금까지 아동이 알고 있는 것을 그리는 '지각적 사실주의' 표현에서 '시각적 사실주의'로 바뀌면서 눈으로 보이는 사물을 똑같이 따라 그리기를 시도하는 시기이다. 이 시기 아동은 외계에 대한 인식이나 관심이 커지며 자기의 작품에 대해 비평적인 시각을 가지게 되나, 표현의 기능이 따라가지 못하는 데 고민하며 갈등을 느끼게 된다. 만화나 풍자성을 띤 표현을 즐겨 그리기도 하며 논리적인 사고와 지각의 발달로 대상의 세밀한 부분과 3차원적인 공간, 원근, 비례, 명암 등을 인식하고 표현한다. 이 시기의 아동들은 형태나 빛의 변화 등 눈으로 보이는 그대로 표현하려는 시각형(visual typy) 아동과 주관적 경험 또는 의미의 중요성에 따라 색채나 공간표현 등을 주관적으로 해석, 표현하는 비시각형(촉각형-haptic type) 아동으로 나누어진다.

② 의사실기의 지도방법

아동이 사실적 표현에 어려움과 좌절감을 겪지 않도록 발상과 표현에 대한 구체적인 계획을 세울 수 있도록 한다. 주제에 따른 다양한 물감이나 붓, 재료 등의 선정에 유의하여 창의력과 상상력을 자극하고 보다 완성도가 높은 작업을 해낼 수 있도록 지도한다.

02

입체표현의 발달단계

영유아의 입체표현에는 상자나 폐품, 점토 등으로 만든 작품이 있다. 영유아는 일상 생활 가운데서 접하는 다양한 재료를 이용하여 입체적으로 표현해 봄으로써 평면에서 경험할 수 없는 또 다른 창작의 즐거움을 느낄 수 있고 공간이나 양감과 같은 개념을 습득하게 된다. 영유아가 즐겨하는 3차원 활동의 재료로는 나무토막이나 크고 작은 상자류, 다양한 종류의 점토류 등이 있으며 그중 찰흙은 영유아의 손놀림이나 의도에 따라 자유자재로 변형이 가능한 재료적 특성을 가지고 있기 때문에 입체표현 발달단계를 알 수 있는 대표적인 재료이다.

1) 골롬브(Golomb)

(1) 탐색기(2~4세)

탐색기는 점토를 가지고 조물조물 만져보고 두드리고 눌러보는 등 다양한 방법으로 탐색하는 시기로 납작한 떡이나 공, 뱀 등의 모양을 만들어 실제 놀이에 이용하기도 한다. 하나의 둥근 점토 덩어리에서 팔과 다리와 같은 부분을 붙이거나 잡아 늘여서 인물을 표현한다.

(2) 분화기(4~5세)

분화기는 그리기의 인물표현처럼 구형이나 납작하게 눕힌 원반에 다리를 붙여 표현한 두족인 형태가 대부분이다. 인물이나 동물얼굴, 사물 등 대부분은 앞모습을 표현하며 손가락, 발가락, 귀, 머리카락 등은 대체로 나타나지 않는다.

(3) 완성기(6세 이후)

완성기의 인물표현은 전체적인 모양을 생각하여 주요한 몸의 골격들이 대부분 균형 있게 만들어지고 그 위에 좀 더 세부적인 것들이 표현된다. 대상의 크기나 비례를 인식하게 되어 사실적인 표현을 시도하나 인물을 포함한 대부분의 사물은 3차원적인 입체와 2차원적인 평면을 절충하는 표현이 나타난다.

2) 염태진

(1) 무의미한 단계(만 2~3세)

무의미한 단계는 어떤 목적이나 의도 없이 사용되는 재료를 가지고 즐기며 놀이하는 근육운동 단계로 평면발달의 '난화기 초기'에 해당된다. 이 시기 영유아는 종이를 구기거나 찢는 활동, 점토를 주무르거나 두드리기, 뭉치기, 떼어냈다 붙였다 하는 활동, 빈 상자나 나무토막을 쌓아올리거나 무너뜨리는 활동을 좋아한다. 영유아는 이러한 활동을 통해 재료에 대한 흥미와 관심을 갖게 되며 재료의 특성을 알게 된다. 이러한 기초적인 재료적 경험은 조형활동을 계획하는 데 중요한 바탕이 된다. 이 시기에는 자신이 만든 작품에 그다지 큰 관심을 보이지 않으며 성인의 입장에서 볼 때 아무 의미 없는 놀이로 생각될 수 있으나 영유아의 성장 발달에는 꼭 필요한 활동이 된다.

영유아가 재료에 대한 다양한 탐색을 통해 마음껏 즐기고 재료적 특성을 스스로 발견할 수 있도록 유도하며 칭찬과 격려를 통해 의욕을 고취시켜 주는 것이 중요하다.

(2) 상징의 단계(만 3~4세)

상징의 단계는 만들어 놓은 것에 이름을 붙이는 단계로 평면발달의 '난화기 말기'에 해당한다. 의도적인 계획을 가지고 만드는 것이 아니라 만든 후 명명하기 때문에 '아빠'라고 이름 붙였던 것을 다시 물으면 '빵'이라고 대답하는 등 만든 작품의 이름이 상황에 따라 달라진다. 아직은 성인의 눈으로 보았을 때 이해하기 어려우나 무의미한 단계의 만들기에서 의식적인 만들기로 발전되었음을 보여 준다.

우연히 만들어진 형태에 대한 영유아의 이와 같은 발상은 점차 다음 단계로 발전되어 가는 바탕이 된다. 영유아가 만든 작품에 대해서는 '무엇을 만들었니?', '어떻게 만들었니?'와 같은 질문을 통해 이해와 관심을 가지며, '자동차 바퀴가 동글동글해서 아주 잘 달릴 것 같구나!' 등의 구체적인 칭찬을 통해 자신감을 가질 수 있도록 격려한다.

(3) 창조의 단계(만 4~5세)

창조의 단계는 영유아가 무엇을 만들었는지 알아볼 수 있을 정도로 만드는 능력이 발전된 단계로 평면표현의 '전도식기'에 해당한다. 이 단계는 '전도식기' 시기의 표현 특징과 같이 영유아가 중요하다고 생각하는 것은 강조하거나 과장하여 만들고, 중요하지 않다고 생각하는 것은 축소하거나 생략하여 만든다. 표현하고자 하는 의욕이 왕성하며 상상력과 창의성이 가장 많이 발달하는 시기로 한 개의 나무토막이 비행기가 되어 하늘을 날기도 하고 또 자동차가 되어 도로를 달리기도 한다. 무언가 형태를 만들어 낼 수 있으나 결과를 예상하지 않고 무계획적으로 만들기 때문에 전체적인 통일성이나 균형감이 부족하다. 그리고 무엇을 만들 때 손으로만 작업하는 것보다 가위나 칼 등 도구의 필요성을 알고 활용하고자 하나 아직 조작하는 기능은 미숙하다. 비록 재료나 도구를 사용하는 능력이 서툴더라도 지나치게 걱정하기보다 경험을 풍부하게 하여 스스로 터득하고, 각 재료에 알맞은 적절한 도구를 선택할 수 있는 능력을 길러 주도록 한다. 또한, 작품의 결과물에 치중하여 재료를 스스로 탐색할 수 있는 과정을 생략하거나 소홀히 해서는 안 되며 상상력을 마음껏 발휘할 수 있는 환경과 분위기를 제공하여 독창적인 작품을 제작할 수 있도록 교사는 지원하여야 한다.

3) 로웬펠드(Lowenfeld)

로웬펠드는 평면표현의 발달단계와 같이 입체표현의 발달단계에 있어서도 난화기, 전도식기, 도식기, 또래집단기, 의사실기, 청소년기로 나누어 제시하고 있으나 본 절에서는 도식기까지 소개하도록 한다.

(1) 난화기(2~4세)

난화기 초기의 목적 없이 점토를 두드리고 마구 치는 행위는 평면표현 발달단계의 무질서한 긁적거리기와 유사한 단계이다. 이 시기 영유아는 무엇이든지 입으로 탐색 가능하므로 밀가루점토나 땅콩버터점토, 전분점토 등을 만들어 제공해 주면 좋다. 그리고 어떤 특별한 목적 없이 만든 공모양이나 막대모양의 형태는 평면표현의 조절된 난화와 비슷한 단계이며, 또 말기에는 무엇인가 만든 것을 가지고 자동차라 하며 붕붕 소리를 내거나 비행기처럼 슈웅 소리를 내며 놀이에 이용하는 것은 평면표현 말기의 명명하는 난화기의 단계와 비슷하다. 영유아는 3차원의 재료를 다루는 경험을 통해 손가락과 소근육을 여러 방법으로 사용하는 기회를 갖게 되며, 이러한 과정을 통해 자신의 운동 지각적 사고를 상상적 사고로 변환시킨다.

(2) 전도식기(4~7세)

전도식기는 평면표현의 발달단계에서 보여주었듯이 이 시기 영유아는 주변 대상이나 환경과 관계를 형성하여 나가고자 노력한다. 그리고 그림에서 형태에 대한 일정한 개념이나 도식을 발견해 나가는 것처럼 점토표현에서도 끊임없이 표현양식을 변화시키는 것을 볼 수 있으며 아직은 사실적이고 세부적인 표현에는 어려움을 겪는다.

(3) 도식기(7~9세)

도식기의 아동은 3차원적인 재료를 이용해 입체감과 공간감을 표현할 수 있는 시기로, 손가락 근육조절력이 발달되어 다양한 방법으로 점토를 조작하며 형태를 구성해 나간다. 점토를 이용해 표현하는 방법에는 두 가지가 있다.

① 분석적인 방법

형태를 만들 때 점토덩어리를 주물러서 대략적인 형태를 만들고 점차 세부적인 부분들을 표현해 나간다. 평면표현 발달단계에서 시각형에 속하는 유형의 아동이 취하는 방법으로 비례나 형태, 균형, 양감 등 직접 눈으로 본 대상의 시각적 특성을 중시하여 표현한다.

② 종합적인 방법

형태를 만들 때 대상의 각 부분을 따로 만들고 연결하여 전체로 구성, 조합한다. 예를 들어, 인물을 만들 때 머리, 목, 몸통, 팔다리 등을 따로 만들어 나중에 조합하여 붙이는 방법이다. 이와 같은 방법으로 표현하는 아동은 평면표현의 촉각형에 해당하며 자신의 주관적인 느낌과 생각에 중점을 두어 표현하는 입장이다.

영유아 미술표현의 특성과 유형

01

영유아 미술표현의 일반적 특징

영유아는 미술을 통하여 자신을 표현하며 반영한다. 일반적으로 영유아기의 미술은 인지적, 신체적, 사회적 발달 과정 중에 있기 때문에 성인의 표현과 다른 독특한 특징들이 나타나게 된다. 보편적으로 나타나는 영유아 미술의 특징을 살펴보면 다음과 같다.

1) 기저선의 표현

도화지에 선을 그어 땅과 하늘, 바다 등으로 구분한다. 아동은 이러한 선을 통해 땅과 하늘을 구분하고 건물이나 나무, 집, 사람, 구름, 비행기 등 땅과 하늘에 존재하는 사물을 설정하며 공간에 대한 질서를 부여한다. 영유아의 그림에서 가장 기초적인 공간 개념의 하나로 나타나며, 이는 영유아가 어느 정도 사물과 사물 간의 관계성을 인식할 수 있다는 것을 의미한다. 화면의 원근을 나타내는 한 방법으로 기저선이나 하늘선 등 두 개 이상의 선을 그리거나 도화지 밑을 접어서 그 선 위에 사람이나 사물을 표현하기도 한다.

산에 오르는 나, 7세(로웬펠드 외, 1993)

2) 물활론적 사고의 표현

눈사람이 추울 거라 생각해 모자를 씌워 주거나 식탁에 부딪쳐 넘어져 울 때 '때찌' 하며 식탁을 혼낼 때 울음을 그치는 것 등은 물활론적 사고에서 나오는 것으로 애니미즘(animism)적 표현이라고도 한다. 물활론적 사고의 표현은 생명이 없는 대상에게 자기와 동일시하여 의인화시킨다. 자신을 둘러싼 모든 외부 환경이 살아있다고 생각하여 무생물에도 자신들처럼 감정과 생명을 지니고 있다고 생각하는 것이다. 이는 아동들의 그림에서 가장 흔하게 발견되는 것으로, 그림을 그릴 때 동물이나 식물들도 사람처럼 눈, 코, 입을 그려 표현한다. 인지발달이 늦거나 과잉된 정서의 표현일 수도 있다.

3) 열거식 표현

'카탈로그식 표현' 또는 '병렬화'라고도 하며 모든 것이 미분화이기 때문에 여러 가지 사물을 원근, 비례, 대소, 공간관계 등을 무시하고 나란히 그려 넣는다.

자기가 관심이 있는 것이나 자기의 경험 등을 주관적으로 하나하나 그려가기 때문에 화면 전체의 통일성은 없고 열거식으로 표현되는 것이 특징이다. 예를 들면, 가족이 집에 있는 것을 그릴 때 집과 가족을 관련짓는 능력이 부족하여 집과 가족구성원을 따로 나열하여 그린다.

4) 투시적 표현

영유아의 그림 중에는 종종 내부가 들여다보이는 그림이 많다. 실제로 벽이나 포장등에 가려서 보이지 않는 곳의 물건이나 외부에서 보는 자동차 안에 인물의 전신을 그려 넣는 등의 표현법으로 뢴트겐 화법 또는 X-ray식 화법이라고도 한다. 구디너프(Goodenough)나 인지이론가들은 영유아가 눈으로 보이는 것을 그리는 것이 아니라 이미 알고 있는 상황을 관념적 사고로 표현한다고 하였다.

겨울잠 자는 동물들

엄마 뱃속의 동생

5) 동시적 표현

그리고자 하는 대상의 계절 · 시간 · 공간 · 방향 · 위치 등의 생활경험을 하나의 평면상으로 표현한다. 단편적으로 정지된 장면이 아니라 시간 등 상황의 변화를 연속성에 두고 표현하는 것으로 고정된 시점으로만 인식하지 않고 편의에 따라 여러 방향의 시점을 동시에 사용한다. 이러한 표현은 도화지의 공간에 구애받지 않고 자유롭게 표현함으로써 아동만의 재미있고 풍성한 그림을 표현하게 된다. 얼굴이나 발 등은 측면을, 눈과 어깨는 정면을 표현하는 고대 이집트 그림이나 피카소의 그림에서 의식적으로 표현하고 있음을 볼 수 있다.

네바문의 정원, BC1350

이집트 미술, BC1350

시간과 날씨가 동시에 표현

6) 과장적 표현

영유아의 관심과 흥미에 따라 대상의 비례와 관계의 크기에 관계없이 특정부분이 과장되어 표현되는 것으로 논리적으로 잘못된 그림이라기보다는 영유아의 주관적 사고의 한 표현방법이다.

영유아는 갖고 싶은 것, 하고 싶은 것, 가장 눈에 띄는 것, 가장 좋아하는 것, 강한 인상을 받거나 중요하다고 생각되는 것 등은 크게 그리고 중요하지 않다고 생각하는 부분은 생략하거나 작게 그린다. 과장이나 축소는 기쁘거나 슬프게 또, 가볍거나 무겁게 하는 등 사람의 감정을 사로잡는 기술적 표현이기도 하다. 이러한 과장이나 축소적 표현을 통해 영유아의 관심이나 욕구나 흥미, 소망 등 심리상태를 이해할 수도 있다.

7) 반복적 표현

영유아들은 자기가 관심 있는 것을 같은 모양으로 반복하여 그리기를 좋아한다. 산이나 사람, 나무, 꽃, 집, 구름 등 똑같은 것을 한 화면 안에 나열하여 패턴화된 것처럼 보이는데, 특히 남아보다 여아의 그림에서 이러한 현상이 더 잘 발견된다. 이는 단순반복 작업이라기보다 고유의 모양에 더 접근하기 위한 노력의 과정이라 할 수 있으며, 이러한 패턴을 익혀 서서히 복잡한 표현으로 발전해 나가게 된다.

8) 회전식 표현

마치 종이입체의 전개도를 그릴 때와 같은 방법으로 3차원의 세계를 2차원 도화지에 표현할 때 도화지를 상하좌우로 빙빙 돌리면서 펼쳐 그린 그림을 말한다. 거리의 나무가 누워 있거나 식탁에서 식사하는 장면을 사방으로 펼쳐서 누워 있는 것처럼 그리는 것으로 공간에 대한 인식을 시작하는 초기에 나타나는 표현이다.

저녁 만찬

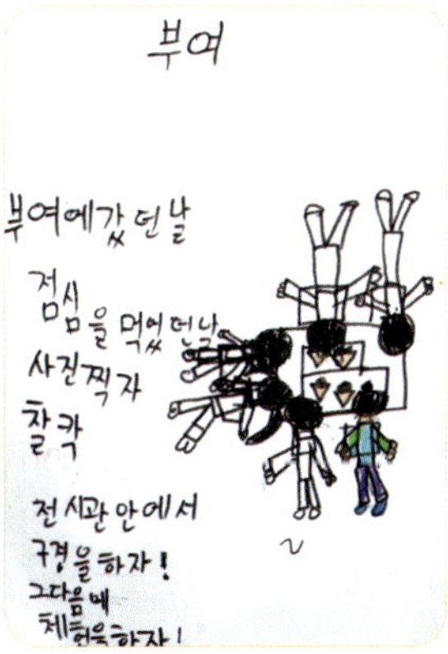

부여

9) 설명적 표현

상징적인 그림이나 자신이 경험한 일들의 그림을 그려놓고 자신의 의도나 생각을 좀 더 구체적으로 알리고 싶을 때 기록하듯 글씨를 써서 설명한다. 아빠, 엄마, ○○백화점이나 가게 등 어떤 대상이나 건물을 그려놓고 이름이나 상호를 붙이기도 한다.

02

영유아 미술표현의 유형

표현은 경험을 바탕으로 나타나며 영유아의 생각이나 느낌, 사고 등을 다양하게 시각화시킨 것이다. 영유아의 그림 속에 나타난 주제나 색, 표현된 선 등의 형식이나 형태, 표현의 방법들은 무척 다양하다. 이는 영유아의 그림 속에서 영유아 자신의 감정과 정서적인 표현이 나타남을 알 수 있으며, 이러한 표현은 남녀의 성별이나 성격, 기질 등에 따라 다른 양식과 특성을 보이고 있다.

Read는 ① 유기형, ② 인상형, ③ 구조형, ④ 열거형, ⑤ 상상형, ⑥ 장식형, ⑦ 율동형, ⑧ 감정이입형으로 분류하였고, Kuhn은 ① 감각형, ② 상상형으로 분류하였다. 본 장에서는 Lowenfeld와 우리나라 권상구의 연구를 중심으로 살펴본다.

1) 로웬펠드의 분류

로웬펠드는 볼프(Wulff)의 미술 유형을 구분한 시각형과 촉각형을 연구 발전시켜 시각장애아동과 약시아의 표현을 정상아와 비교하여 시각형과 촉각형으로 구분하고 두 유형의 특성에 따라 동기부여를 하고 적절한 지도를 해야 한다고 하였다.

(1) 시각형

외계의 시각적 대상을 눈에 보이는 대로 표현하는 시각형은 대상의 특징을 객관적이고 의식적 · 외견적 표현에 의하여 묘사한다. 시각형의 아동은 대상의 전체를 표현하되 부분적 인상을 모아 종합적으로 조직하는 특징이 있다.

로웬펠드는 이 시각형의 표현이 구상주의적 경향으로 나타난다고 보았으며 인상주의 작가들의 표현과 상통한 것으로 보았다.

(2) 촉각형

촉각형은 눈에 보이는 시각적인 특성보다는 자신이 느끼는 지각세계와 경험을 결합시켜 나타내는 주관적이고 감정적인 표현을 한다. 그래서 촉각형의 그림은 어떤 사물에 대한 시각적 지각을 표현하기보다 지각의 결과로서의 내적인 느낌을 강조하는 표현주의적 표현과 유사하다고 보았다.

2) 권상구의 분류

권상구는 여러 학자의 분류를 참고하여 우리나라 아동의 미술활동 결과에 맞게 세분화하여 표현 유형을 일곱 가지로 분류하였다.

(1) 대담형

비교적 짙은 색을 이용해 한두 가지 대상으로 화면을 가득 메우거나 표현하고자 하는 대상을 화면 중심부에 크게 그린다. 대담하고 힘이 있어 보이나 세부적인 표현과 다양한 생각들이 표현되지 않으므로 사물에 대한 관찰이나 관심을 가질 수 있도록 지도한다. 성격이 외향적이거나 남아인 경우가 많다.

(2) 소극형

대담형과는 대조적으로 물체를 작게 그리며 그림을 한 장 그리는 데 시간이 많이 소요되는 형으로 주로 소극적인 아동에게서 많이 발견된다.

소극형은 그리고자 하는 소재가 단순하고 늘 같은 그림을 반복하는 예가 많으며 그림의 내용을 한쪽 모서리에 작게 그려 놓는 등의 표현을 한다.

이러한 영유아는 도화지의 여백에 대한 공포감이 있기 때문에 8절이나 16절, 32절 정도의 도화지에 그림을 그려 자신이 그린 그림이 도화지 여백에 비해 상대적으로 작아 보이지 않도록 하는 것이 좋다. 호기심을 자극시킬 수 있는 새롭고 흥미 있는 경험을 시켜 주는 것이 좋으며, 때로는 전지 같은 큰 종이에 물감을 이용하여 큰 붓으로 낙서를 하게 하여 담력을 키워 줄 필요도 있다.

(3) 열거형

기억하고 있는 대상을 한 화면에 열거하듯 그려넣는 유형이다. 표현하고자 하는 뚜렷한 주제가 없어서 통일성이 없는 그림이 되기 쉬우므로 한 가지 주제를 화면 중앙에 그릴 수 있도록 지도한다.

(4) 비약형

비약형은 무엇을 보면 금방 다른 것과의 연관성을 생각하고 관련되는 내용을 한꺼번에 그린 것이다. 한 화면에 상당히 많은 소재를 표현하여 복잡하게 그리고 한꺼번에 많은 이야기가 전개되기 때문에 주제가 가려져 그림의 통일성이 없어지기 쉽다. 예를 들면, 집을 그린 후 집 옆에는 나무 한 그루가 있고, 나무 옆에는 꽃이 피어 있고, 꽃 위에는 나비가 날아다니는 등 어떠한 대상을 나름대로의 연결성으로 그려나가는 유형이다. 시간적 계속 묘사라고도 하는 이러한 표현은 주제가 드러나지 않고 설명적인 그림이 되고 만다. 비약형의 영유아는 기억력이 좋으므로 상상력을 자극하여 미적 감각이 풍성해지도록 지도한다.

(5) 주관형

그림을 그린 본인 이외의 사람은 이해하기 어려운 그림이다. 다시 말해서 객관성이 무시된 그림을 말한다. 물론 그림에서 객관성이 그리 중요한 것은 아니지만 여기서 말하는 주관형은 혼자만 알아볼 수 있는 그림으로 마치 어른의 세계에서 볼 수 있는 추상화 같은 그림이다. 도식기의 아동이 이러한 그림을 계속해서 그린다면 지적 발달이 늦을 수 있으므로 주의깊게 관찰할 필요가 있다.

이런 영유아에게는 실물이나 사진, 책 등을 보며 주제에 해당하는 이야기를 들려주거나 사물의 모양을 기억할 수 있도록 자극을 주고, 객관적인 형태를 그렸을 때는 구체적인 칭찬을 하는 등 긍정적인 상호작용이 필요하다.

(6) 객관형

아동의 그림에서 가장 많이 나타나는 유형으로 아동 수준에 맞는 생각이나 경험이 담겨져 있는 보편적이고 일반적인 유형의 그림이다.

객관형은 자칫 다른 사람의 영향을 받아서 모방한 표현이 되기 쉬우므로, 자기 나름대로의 주관과 개성이 표현될 수 있도록 아동 스스로의 생각과 주장을 존중해 주어야 한다.

(7) 개념형

개념형이란 아동의 표현활동에서 틀에 박힌 듯한 공식화된 그림을 말한다. 늘 같은 소재나 방법으로 표현하는 것으로, 자기가 알고 있는 한 가지의 형태를 계속 그린다거나 색 사용에 있어서도 하늘은 하늘색, 나뭇잎은 초록색, 땅은 황토색 등 전형적인 색으로 표현한다.

개념화의 원인은 밑그림을 그려 주거나 남의 그림을 보고 그리기, 반복된 도안에 색칠하기 등에서 오게 되는데, 이러한 지도방법은 아동의 창의성을 방해하고 정서에 영향을 주게 되므로 피해야 한다. 개념화 탈피를 위해서는 재료나 기법을 바꾸어 주거나 사물을 여러 각도에서 관찰하게 하는 등 표현 방식과 색채의 변화, 창의적인 작품을 감상하기 등을 통하여 자유롭고 감동적인 표현이 될 수 있도록 유도해 주어야 한다.

색채와 심리적 이해

01

색의 기초

1) 개념

'색'과 '색채'는 구분되어 사용될 수 있다. '색'이란 빛의 기능으로 빛이 어떤 물체에 닿을 때 생기게 된다. 즉, 색은 물리적인 빛을 눈으로 지각하는 현상으로 60% 이상 인간의 시각이 의존하는 아주 중요한 요소이다. 우리가 색을 볼 수 있는 것은 물체가 빛을 흡수하고 반사함으로써 가능한 것이다.

17세기 영국의 뉴턴(Newton)은 태양광을 프리즘을 통해 색을 분리하는 실험을 하였고 이 백색광은 굴절되면서 여러 색으로 쪼개어져 빨강, 주황, 노랑, 녹색, 파랑, 남색, 보라의 일곱 가지 기본색으로 식별해 내는 데 성공하였다. 이와 같이 분산된 색의 띠를 스펙트럼(Spectrum)이라 하며 그중 빨강은 굴절률이 가장 작고 보라는 굴절률이 가장 크다.

'색채'는 물리적 현상인 색이 감각기관인 눈을 통해서 지각되거나 그와 같은 지각 현상과 마찬가지의 경험효과를 가리키는 것으로 지각적, 심리적 요소가 내포되어 있다. 심리학자들은 오래전부터 색채가 상징을 동반하고 정서적인 반응을 유발하며 심리적인 온도를 갖고 있다고 보았다. 즉, 보는 사람에 따라 같은 색을 보고도 그들의 경험이나 느끼는 감정 및 반응은 다르게 나타난다. 색채는 잠재된 불안이나 갈등, 인간의 희노애락(喜怒哀樂)을 자극시킨다.

2) 색의 속성

① 색상

색상(hue)은 다른 색과 구별되는 그 색만이 갖는 독특한 성질로 1905년 색 표준학자 먼셀(Munsell)은 빨강, 노랑, 보라, 파랑, 녹색의 5가지 안료를 주요 색상으로 명명했다.

② 명도

명도(brightness)는 색의 밝고 어두운 정도를 말하며 0번 검정에서 10번 흰색까지를 혼합하는 정도에 따라 11단계로 구분한다. 그러나 잠재적으로 만들 수 있는 그라데이션(gradation)은 무한하다. 색에 흰색을 섞을수록 명도는 높아지고, 검정을 섞을수록 명도는 낮아지며 명도 단계는 유채색에도 나타난다 .

③ 채도

채도(chroma)는 색의 맑고 깨끗한 정도로 14단계로 분류한다. 가장 깨끗하고 밝은 상태의 색을 채도가 높다라고 하며, 흐리거나 탁한 경우를 채도가 낮다라고 한다. 한 색상에서 채도가 가장 높은 색을 순색이라 하며, 빨강과 노랑의 채도가 14도로 가장 높다.

④ 유사색

색상환에서 바로 옆에, 또는 가까이 위치하여 색의 느낌이 비슷하게 느껴지는 색을 말한다. 빨강의 유사색은 다홍, 주황, 귤색 등이 있다.

⑤ 보색

색상환에서 색상의 거리가 가장 멀고 서로 마주보고 있는 색을 말한다. 서로 섞었을 때 검은색을 만드는 두 가지 색상으로 두 보색을 나란히 놓았을 때 시각적으로 강렬한 느낌을 준다. 주황과 파랑, 노랑과 남색, 빨강과 청록은 서로 보색관계에 있다.

3) 색의 혼합

① 가산혼합

두 가지 이상의 색깔이 있는 빛을 무대의 조명이나 색유리를 통해 스크린에 비쳤을 때 나타나는 경우이다. 혼합하는 색이 많을수록 양이 더 많아져 명도가 높아진다.

② 감산혼합

물감이나 잉크, 염료와 같은 색료의 혼합으로 혼합할수록 명도와 채도가 낮아지며 회색이나 검은색에 가까워진다.

③ 중간혼합

색을 직접 섞는 것이 아니라 간접적인 효과를 얻는 것으로 혼합하는 두 색의 중간명도가 된다.

- **회전혼합** – 2종 이상의 색이 있는 팽이나 바람개비를 빠르게 회전시키면 혼합되어 보이는 색의 중간색을 말한다. 영국의 물리학자 맥스웰이 발견하여 맥스웰의 회전판이라고도 한다.
- **병치혼합** – 직물이나 모자이크 등과 같이 색이 조밀하게 병치 되어 있어 서로 혼합되어 보이는 현상을 말한다. 쇠라와 시냐크와 같은 신인상파의 점묘표현은 병치혼합의 효과를 이용한 것이다.

팽이를 이용한 회전혼합

직조를 이용한 병치혼합

쇠라 '그랑자트섬의 일요일 오후'(1885년 경)

02

색의
심리적 이해

1) 색채의 느낌

① 색의 온도감

- 따뜻한 색 – 빨강, 주황, 노랑과 같은 난색은 따뜻한 느낌을 주고, 혈압과 심폐율을 증가시켜 내분비 작용을 활발하게 해 준다. 명도와 채도를 높게 사용하면 신체를 자극시키며 흥분감을 준다.
- 차가운 색 – 파랑, 청록, 남색과 같은 한색은 차가운 느낌을 주고, 심장박동을 느리게 하며 체온을 낮추고 근육을 이완시킨다.

② 색의 중량감

- 가벼운 색은 명도가 높은 색이다.
- 무거운 색은 명도가 낮은 색이다. 일반적으로 위쪽에 밝은색을 아래쪽에 어두운색을 쓰면 안정감을 주나 반대로 쓰면 활동적인 느낌을 준다.

③ 색의 흥분감과 진정감

- 흥분감을 주는 색으로 난색계열과 채도가 높은 색이 있다.
- 진정감을 주는 색으로 한색계열과 채도가 낮은 색이 있다.

④ 색의 화려함과 수수함

- 화려한 느낌을 주는 색으로 난색계열과 채도, 명도가 높은 색, 그리고 금색, 은색 등 금속색과 무채색인 흰색이 있다.
- 수수함 또는 점잖은 느낌의 색으로 채도, 명도가 낮은 색이 있다. 검은색은 사용방법에 따라 수수하거나 화려하게도 느껴진다. 그리고 색의 느낌은 그 색을 사용한 물건이나 사용장소, 대상에 따라 달라지기도 한다.

2) 색의 연상과 상징

색을 지각할 때는 특정한 사물이나 느낌이 연상된다. 색의 연상이란 어떠한 경험이나 심리작용에 의하여 특정 상태와 관련지어 보이는 것을 말하며, 색의 상징이란 하나의 색을 보았을때 특정한 형상이나 뜻이 상징되어 느껴지는 것을 말한다. 생활양식이나 문화, 종교, 환경, 계절, 성별, 연령 등에 따라 색의 연상이나 상징은 심한 차이가 나기 때문에 색을 선택하는 전후관계에 따라서 이해해야 하며 색에 대한 해석은 신중히 이루어져야 한다.

색	연상·상징	색	연상·상징
빨강	정열, 흥분, 애정, 위험, 혁명, 야망, 위험, 일출, 저녁노을, 분노, 활력	파랑	젊음, 유구, 진실, 냉정, 명상, 차가움, 영원, 성실, 추위, 바다, 깊은 물, 호수, 물
주황	기쁨, 따뜻함, 원기, 적극, 희열, 활력, 만족, 풍부, 가을, 유쾌, 광명, 건강, 양기, 온화	남색	숭고, 공포, 침울, 고독, 냉철, 심원, 무한, 유구, 영원, 신비
노랑	환희, 팽창, 천박, 질투, 희망, 광명, 유쾌, 경박, 명랑, 금발, 바나나, 황금	보라	장조, 고귀, 공포, 신비, 경솔, 예술, 우아, 고가, 위엄, 공허, 실망, 종교, 신성

색	연상	색	연상
연두	청순, 생동, 안정, 순진, 자연, 위안, 친애, 젊음, 따뜻함, 신선, 자연, 새싹	**흰색**	청결, 신성, 신앙, 순결, 순수, 소박, 정직, 백지, 눈, 설탕
초록	안식, 상쾌, 희망, 평정, 친애, 평화, 엽록소, 안정, 지성, 건실, 소박, 여름, 중성, 절박	**회색**	평범, 침울, 수수, 겸손, 무기력, 답답함, 겸손, 중성색, 점잖음
청록	청결, 냉정, 유령, 죄, 심미, 바다, 깊은 숲, 질투, 찬바람	**검정**	정숙, 비애, 불안, 죄악, 암흑, 허무, 절망, 정지, 침묵, 부정, 주검, 밤, 탄

3) 아동화 색채 사용의 심리분석

색채에는 과거의 경험과 감정과 관념들이 들어 있다. 그림은 조형적 표현일 뿐만 아니라 성격과 마음세계, 욕구, 문제행동, 가족관계, 대인관계의 투사이기도 하다. 특히 그림에서 정서 생활의 성질이나 그 표출의 강도를 잘 반영하는 것이 색채라고 할 수 있다. 영유아는 색깔에 대한 반응이 비교적 예민하며, 그림 속에 나타난 특징적인 색채는 영유아의 감정과 정서가 무의식적으로 드러나는 경우가 많다. 알슐러(Alschuler)와 해트윅(Hattwick), 김재은 등은 아동화에 나타난 색채를 연구하여 분석하였으며, 그 내용을 참고하여 재정리하였다.

(1) 색채 사용 유형과 일반적인 심리분석

색채 사용 유형	심리분석
난색을 즐겨 쓰는 어린이	일반적으로 자유롭고 감정적인 행동과 따뜻하고 애정적인 관계를 가지며, 다른 사람에 대해서는 동정적이며, 놀이에서도 협동적이고 잘 적응하는 것으로 나타난다. 애정에 대한 의존 및 욕구, 마음의 갈등이 강하며 유동적이다.
한색을 즐겨 쓰는 어린이	일반적으로 자기 스스로 자제하는 경향이 있으며 지나칠 정도로 순응되어 있는 경향이 있다. 또한, 비판적이고 자기주장이 강하고 지적인 일에 흥미를 가지며, 계획을 세워 행동하고 확고한 의지를 가지고 있다. 다른 사람에 대해서 공격적이고 자신의 생각을 솔직히 털어놓지 않는 것으로 나타난다.
혼색을 많이 쓰는 어린이	감정의 표현에 거침이 없으며 자유롭게 자신을 나타내거나 적극적인 성격이다. 지적 수준이 높거나 사물이나 상황에 대한 판단력이 뛰어나 적절한 대응을 잘하며, 다른 영유아와 융화가 잘되어 친구들 사이에서 인기가 있는 경우가 많다.
색을 적게 쓰는 어린이	감정적인 적응이나 생활 경험의 부족으로 창의적인 표현이 부족한 경우이다. 고집과 망설임이 많고 적극성이 떨어지는 영유아에게서 볼 수 있다. 지능이 높거나 낮다.
색을 많이 쓰는 어린이	쾌활한 성격으로 자신감이 있다. 단점으로는 집중력과 인내심이 부족하거나 성격의 변화가 많다.

(2) 색채 배색과 사용방법으로 본 심리

배색이란 색과 색의 조합을 말한다. 이 배색을 기본으로 서로 다른 요소와 부분들이 대립하면서도 통일성을 유지하는 색채 조화가 이루어진다. 배색의 표현에는 각 개인의 심리적 배경에 따라 차이가 있으나, 일반적으로 대립감정이나 갈등상태 등으로 정신적인 활기를 얻고 싶을 때는 대비배색을, 공감하는 감정이나 편안한 감정에는 동일배색이나 유사배색을 선호하는 경향을 보인다.

① 색의 배색 원리에 따른 심리

배색	색	심리
동일배색		배색 색상에 따라 따뜻함, 차가움, 부드러움, 딱딱함, 차분함, 솔직함, 정적임, 간결함 등의 통일된 감정
유사배색		동일감, 협조적, 온화함, 화합적, 상냥함, 건전함
반대배색		강함, 똑똑함, 생생함, 동적임, 화려함, 극적인 효과
고명도의 배색		맑음, 깨끗함, 전체적으로 경쾌함
저명도의 배색		침착하고 무게감, 전체적으로 우중충함
고채도의 배색		자극적이고 강하며 산뜻함, 원색적
저채도의 배색		약하고 우중충함

② 색채 대비에 따른 심리(아사리와 김재은의 연구, 1976)

	공포심		영유아적 퇴행과 성장하려는 욕구와의 갈등, 근심, 걱정
	양친 사이에 심적 거리감, 성적 호기심, 어머니의 꾸지람, 부재, 사망		어머니에 대한 불만, 열등감
	극도의 애정결핍, 도벽		부모의 요구 수준이 높음
	아버지의 꾸지람, 부재, 사망		기본 욕구의 승화, 회피
	반목, 학대, 계모		대소변 문제
	인간관계 조화감이 낮음, 강한 반항심, 체념, 심술		인간관계 조절, 질투, 선망, 공격 또는 불만과 억제 사이의 갈등
	어머니의 병적 히스테리		불결, 우둔
	적개심, 공포감, 부모의 히스테리에 번민, 애정 불만상태		깨끗이 하려는 욕구와 더럽히려는 욕구와의 갈등, 대소변 가리기의 문제
	승인받고 싶은 욕구	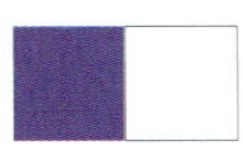	부상 , 실패감, 가해적, 죄의식
	출혈, 월경		질병, 고독감

영유아 미술의 내용

01

미술교육의 동향

영유아 미술교육의 내용은 시대별로 미술교육에 대한 인식과 관점에 따라 변화하여 왔다. 16세기 이후 19세기까지의 미술교육은 농업에서 공업으로 무게중심이 이동되면서 산업혁명의 영향을 받게된다. 이에 수공업 형태의 상품생산은 대량생산이 가능할 수 있도록 사회에서 필요한 미술가나 공예가, 건축가, 디자이너 등을 기르는 것에 주안점을 둔 표현기능 중심의 미술교육이 이루어졌다. 따라서 유럽 각국에서는 산업에 필요한 미술학교나 기술학교가 많이 설립되었고 반복적인 훈련을 통해 미술적 능력을 향상하는 데 중점을 둔 교육이 실시되었다. 20세기에 들어서면서 치젝과 로웬펠드, 하버트 리드 등에 의해 인간 내면의 감정이나 정서, 흥미와 경험 등을 중시하는 자유로운 자기표현과 창의성 중심 미술의 교육이 이루어졌다. 20세기 후반에 들어오면서 창의성 중심 미술교육의 한계와 문제점을 직시하여 아이스너 등을 중심으로 조직적이고 체계화된 이해 중심 미술교육의 중요성이 강조되었다. 이해 중심 미술교육이란 미술에 대한 이해를 중시하는 미술교육을 말한다. 학문 중심 교육과정과 지각 심리학, 현대미술의 다양한 전개흐름의 영향으로 미술사와 문화, 미학, 미술비평 등을 가르쳐야 한다는 관점이 반영되어 있다. 이해중심 미술교육의 주요특징으로는 미적지각과 감상, 미술자체의 본질적 가치 추구와 독자성을 강조하고 미술의 교육과정과 교사의 역할을 중시하였다. 이러한 관점에서 미국의 게티센터(Getty Center)에서는 그리어(Greer) 등에 의해 작품제작과 미학, 미술사, 미술비평 중심의 4분야로 구성된 학문 중심 미술교육(Discipline-Based Art Education)을 개발하여 창조주의를 대신할 만한 이론으로 제시되었다.

- **작품제작** – 다양한 재료를 활용하여 자신이 가지는 아이디어나 개념, 감정 등 시각적 이미지를 표현하기 위해 자료의 사용방법과 과정 등을 익히고 미술적 언어로 표현하는 능력을 기른다.
- **미술사** – 문화적인 측면에서 역사적인 안목을 가지고 미술작품을 분류하고 작품의 제작배경이나 미술의 가치를 해석하며 탐구한다.
- **미학** – 아름다움을 느끼는 의식구조를 탐구하는 것으로 예술작품이 내포하는 작가의 의도나 감상자의 태도를 비롯한 사회라는 맥락과 접촉하며 낳는 여러 효과를 의미한다. 즉, 주변 환경이나 작품에서 심미적인 사고과정의 습득을 통하여 미술작품의 의미를 인식하고 미적 반응을 할 수 있는 능력을 기른다. 미적인 요소를 인식하고 반응하며 분석한다.
- **미술비평** – 미술작품에 대한 미적인 가치판단으로 작품의 제작 의도를 찾고 미술작품의 의미와 중요성을 판단하여 작품에 대한 해석과 설명할 수 있는 능력을 기른다.

이해 중심 미술교육은 이전의 창의성 중심 미술교육이 가지고 있는 문제들을 해결하고 새로운 미술문화를 이해하여 능동적으로 대처할 수 있다는 점에서 시사하는 바가 크다. 이해 중심 미술은 학교의 교과로서 미술의 위치를 확고히 하는 계기를 마련하였으며, 미술의 학문적 체계를 확립하는 데도 일조하였다. 그러나 미술교육을 단지 지식의 전달로만 여기고 구체적인 교육과정이나 지도방법에 대한 미흡한 제시와 교사의 능력을 무한히 요구한다는 점, 현대의 다양한 미술 분야를 다루지 못한 점에 대해서는 한계를 가진다(이희선 외, 2020).

02

탐색, 표현, 감상의 통합적 접근

1) 탐색

영유아 미술교육에서 탐색이란 자연이나 주변 환경에서 각 사물이 가지고 있는 조형적 형태와 미술적 요소에 대해 관심을 가지고 아름다움을 느끼고 찾아보는 것이다. 영유아가 자연과 사물에서 자연스럽게 접할 수 있는 소리나 움직임, 소형물 등에 관심을 가지고 미술적인 요소들을 찾아보는 경험의 기회를 제공하는 것에 주안점을 두고 있다. 이러한 탐색과정은 영유아의 관심과 흥미가 자극되고 지각력을 높여 줄 뿐 아니라 호기심과 발견이 일어나도록 도와 심미감과 창의적 표현력, 감상력이 증진되는 밑거름이 된다.

주변 사물과 미술활동에 필요한 다양한 재료 및 도구의 오감탐색을 격려하기 위해 교사는 영유아의 발달 수준에 맞게 스스로 관찰하고 느끼고 생각할 수 있도록 지속적으로 관심을 가지며 반응해 주어야 한다. 그리고 영유아가 여러 가지 재료들의 성질과 특성 등을 조작하고 실험하며 다양한 표현 가능성을 알아가고 인식할 수 있는 환경과 활동을 제시해 준다. 또한, 이러한 탐색이 가급적 표현활동과 연계될 수 있는 전략과 계획을 통해 예술적 탐구심이 증대되도록 돕는다.

2) 표현

미술교육에서 표현은 오감각을 통해서 자신이 보고 느끼고 생각하고 상상한 것을 그 경험과 지식, 발달을 근거로 그림을 그리거나 만들기, 꾸미기 등으로 표현하는 것이다. 표현에는 크레파스나 색연필, 사인펜, 다양한 종류의 물감 등으로 표현하는 평면표현과 점토나 나무토막, 폐품류 등으로 표현하는 입체표현이 있다.

① 평면적 표현의 예

- 크레파스나 연필, 물감 등의 재료 – 스텐실, 스크레치, 번지기, 문지르기, 녹이기, 뿌리기, 불기, 마블링, 핑거페인팅, 지우기, 닦아내기, 데칼코마니, 스테인드글라스, 프로타주 등
- 종이류의 재료 – 찢거나 오려서 꾸미기, 몽타주, 연속무늬 오리기 등
- 기타 – 콜라주, 모자이크, 판화, 전사활동 등

② 입체적 표현의 예

- 조소 – 흙점토, 고무점토, 밀가루 점토, 지점토 등으로 만들기
- 직조 – 종이직조, 과일보호망 직조, 석쇠망 직조 등
- 기타 – 종이접기, 모빌, 폐품 및 각종 공예 등

교사는 주변 환경에서 평면적이고 입체적인 다양한 미술표현의 매체를 편안한 마음으로 영유아 스스로 찾아보고 발견하여 자신의 감정과 느낌, 생각을 창의적으로 표현할 수 있도록 조력해야 한다. 그리고 표현한 결과물에 치중하거나 개념습득, 숙달된 기능을 익히기보다 자유로운 분위기 속에서 사물을 만져보거나 느껴보고 신체로 표현하는 등 자발적이고 능동적인 활동의 과정을 존중해 주며 자료를 지원해 주고 창의적인 표현에 몰입할 수 있는 환경이나 분위기, 풍부한 표현의 기회를 제공해 주어야 한다.

3) 감상

영유아 미술은 미술활동을 통해 자신의 생각과 느낌을 자유롭게 표현하는 것과 함께 다양한 미술 작품을 이해할 수 있는 감상활동이 조화를 이룸으로써 질 높은 미술교육을 실시할 수 있다. 그러나 아직까지 영유아교육현장에서는 감상교육에 대한 배경지식의 부족과 인식의 부족으로 미술의 의미를 제대로 알고 이해하지 못해 표현활동에 치우쳐져 있다. 감상은 작품을 그냥 보는 것이 아니라 자세히 보고 읽는 것으로 표현의 발상에 도움을 주며 자연과 생활 속의 미적 요소와 우리의 전통미술을 포함한 여러 예술작품 등에 관심을 가지고 즐기는 데 중점을 둔다. 감상활동을 통해 생각과 느낌을 나눔으로써 예술을 즐기며 나와 다른 사람의 예술작품에 흥미를 가지며 예술표현의 차이를 느낄 수 있다.

(1) 감상활동의 개념 및 중요성

감상은 자연과 사물, 미술작품, 자신과 타인의 작품 속에서 아름다움을 인식하고 이해하는 내용 영역이다. 사물을 대할 때 아름다움을 느끼고 누릴 수 있는 영유아의 정서는 그렇지 못한 영유아에 비해 안정되고 풍성하다. 안정되고 풍성한 정서는 조화, 협동, 사랑의 긍정적인 상태를 만들어 낸다.

영유아가 표현활동을 하면서 자신의 그림이 완성되는 과정을 보는 것 그 자체도 감상활동이며, 또래의 작품을 보는 것도 감상활동이다. 감상의 사전적 의미는 예술작품을 깊이 음미하고 그 미적인 내용을 이해하며 즐기고 평가하는 것으로서 단순히 좋고 싫음의 개인적인 정서적 태도와는 구별된다.

감상과 표현과의 관계를 살펴보면 표현은 내적인 요소들을 밖으로 나타내서 구체화시키는 것이라면 감상은 외현적인 것이 안으로 들어와서 그 미적 가치가 내면화되는 것이다.

다시 말해 감상이란 대상의 미적 가치를 보고, 느끼고, 이해하며, 판단하고, 평가하는 종합적인 활동이다. 감상활동을 통해 영유아들은 자연이나 예술품 및 자신들의 작품을 보고, 듣고, 즐기는 가운데 자연스럽게 아름다움을 인식하고 이해될 수 있으며 예술품을 감상함으로써 다양한 사회와 문화의 전통 · 가치를 접하고 이해할 수 있다.

미술감상활동의 중요성은 다음과 같다.

첫째, 미적 인식 능력 신장에 도움을 준다.

작품 감상을 통해 미적 요소와 원리가 미술작품에서 어떻게 효과적으로 활용되고 있는지를 이해함으로써 미적 인식 능력이 향상된다.

둘째, 미적 가치를 평가할 수 있는 미적 판단 능력이 향상된다.

미술작품에 대한 자신의 생각과 평가, 선호를 판단해 볼 수 있다. 미술작품에서 어떤 부분이 좋고 싫은지, 그 이유가 무엇인지를 이야기해 보는 경험을 통해 미적 판단 능력을 향상시킬 수 있다.

셋째, 조형 능력이 향상된다.

미적 인식과 가치판단 능력의 신장으로 미적 감수성이 높아지며, 감상의 경험이 자신의 작품 표현에 반영됨으로써 자신의 생각과 느낌을 창의적으로 표현하는 아이디어 등 작품 제작 능력이 향상된다.

넷째, 우리 전통문화와 인류 문화를 이해하는 데 도움을 준다.

미술작품은 한 시대의 사회문화적 가치와 생활풍습을 반영한다. 우리 조상들이 남긴 예술품의 감상을 통해 생활양식이나 정신세계를 이해하고 주체적인 민족문화의 맥을 이어갈 수 있다. 더 나아가 인류가 남긴 예술품을 감상함으로써 서로 다른 나라의 풍물과 문화를 이해하고 인식할 수 있다.

다섯째, 태도 신장에 도움을 준다.

영유아들은 미술감상을 통해 타인의 의견을 경청하며 여러 가지 의견이 있을 수 있음을 깨닫게 되고 나와 타인의 의견을 존중하게 된다(이문정 외, 2019).

(2) 감상활동의 내용

감상활동의 대상은 자연과 사물에 대한 감상과 미술작품에 대한 감상 등으로 이루어지며 그 내용은 다음과 같이 정리할 수 있다.

① 자연과 주변환경에 대한 감상

실생활에서 매일 접하는 의복, 음식, 주거 환경 및 생활용품 등을 보고 어떤 느낌이 드는지, 어떤 아름다움을 지니고 있는지에 대한 미적 가치를 발견하게 한다.

산책활동을 통해 산, 나무, 꽃, 바위 등 자연물 자체의 아름다움을 느껴 보고, 나뭇잎 사이로 햇살이 반짝거리는 풍경, 바람 부는 날 구름이 빨리 흘러가는 풍경, 눈이 쌓여 신비로운 풍경 등의 자연 현상을 감상하고 느낌에 대해 이야기해 본다.

② 미술작품에 대한 감상

미술작품은 인간의 물질적 · 정신적 세계를 미적으로 표현한 것으로 인류의 문화유산이며 가장 값진 교육자원 중의 하나이다. 미술작품은 인류의 발달에 따라 그 시대 문화를 함축하고 역사와 함께 변화되고 있으며 작가의 사상이나 감정, 작품표현의 방식 등을 작품 속에서 찾아보며 이야기 나눈다. 또한, 다양한 미술작품을 감상하는 기회를 자주 제공하여 우리나라뿐 아니라 다른 나라의 사회와 문화의 전통, 신념, 가치를 접하고 이해의 폭을 넓힐 수 있도록 도와주어야 한다.

피카소 '게르니카'(1937)

③ 그림동화책을 이용한 감상

영유아기는 그리는 것보다는 보는 것에 흥미를 가지므로 이 시기에는 가치 있는 좋은 그림책을 보여 주는 것이 중요하다. 글을 읽지 못하는 영유아도 그림을 보면서 글이 표현하고자 하는 메세지를 알 수 있으며 이야기의 의미를 구성할 수 있다. 그리고 그림책을 통해 연필, 물감, 파스텔, 목탄, 색연필 등의 매체와 채색, 콜라주, 판화, 점토, 사진, 그래픽 등의 표현기법이나 특징 등을 알 수 있다.

좋은 그림동화는 이야기와 그림의 조화를 통해 미적 경험과 감각적 경험을 인지하게 하며 시각적 문해력과 상상력, 심미감, 집중력을 키워 준다.

그 외 생활 속에서 건축물의 외벽 그림이나 벽화 등 거리미술, 영유아들이 쉽게 접하고 흥미있어하는 TV광고 등을 분석해 보며 감상할 수 있다.

(3) 감상활동의 방법

영유아 감상활동에 적용할 수 있는 감상 방법으로는 토론법, 게임법, 견학법, 작품제작법, 초대법, 작문법 등이 있다.

① 토론법

작품에서 보이는 선이나 형태, 색 등의 미적인 요소와 작품의 특이하고 흥미로운 점 등 그 느낌에 대해 이야기 나눈다. 토론법에는 대집단 감상법과 그룹 감상법, 대담법 등으로 나눌 수 있다.

- **대집단 감상법** – 교사나 영유아 한 명이 사회를 보고 다수 영유아가 미술작품에 대해 토론하는 방식이다.
- **그룹 감상법** – 그룹원 중에서 사회자를 뽑아 작품에 대해 토의하고 그 결과를 정리하여 발표하는 방식이다.

• **대담법** – 영유아 두 명씩 짝을 지어 작품에 대해 서로 묻고 대답하는 감상법으로 소수의 활동에 적당한 방식이다.

② 게임법

미술작품이 수록된 화보, 달력, 엽서, 잡지, 작품 전시회 팸플릿 등을 수집하여 영유아들에게 친숙한 게임형식으로 부담감없이 여러 작품에 접근하는 방식이다. 퍼즐형식으로 만들어 그림 조각 맞추기를 하거나 작가, 기법, 장르, 시대, 입체파, 인상파 등의 사조별 등 특정요소별로 분류하기, 숨은그림 찾기 등으로 활동할 수 있다.

③ 견학법

미술관이나 아틀리에, 박물관 등을 다녀올 수 있다. 견학 전에 교사는 관련된 소책자나 사진 자료집, 안내서 등 사전정보와 지식을 가질 수 있도록 한다. 많은 작품을 형식적으로 한 바퀴 휙 돌아보며 단순히 그냥 보는 것이 아니라 여러 작품 중 한두 작품을 골라서 질문목록 등을 만들어 보는 등 구체적인 감상계획을 세워 적극적으로 작품에서 보고 찾고 발견할 수 있도록 한다 .

④ 작품 제작법

표현활동에 속하는 좀 더 적극적인 감상법이다. 작품의 주제나 사용한 재료, 표현의 기법 등을 따라 해보거나 자신의 생각을 더하여 응용, 변형하여 미술, 음악, 신체 등으로 표현해 보는 것으로 작가의 의도와 최대한 가깝게 접근하는 데 그 의의가 있다. 예를 들면, 몬드리안(Mondrian)의 작품과 우리나라 전통 조각보의 미적 요소들을 찾아보고 닮은점이나 차이점 등을 비교해 보며 두 작품의 특징을 찾아 표현해 볼 수 있다. 또한, 마티스(Matisse)의 '춤'을 감상 후 신체 움직임으로 표현해 보거나 점묘법을 창시한 쇠라(Seurat)의 작품을 감상 후 면봉이나 지문 등으로 점을 찍어 표현해 볼 수 있다.

⑤ 초대법

화가나 큐레이터 등 미술과 관련된 일에 종사하는 사람을 초빙하여 미술작품이나 작가에 대해 이야기를 나눈다. 이때 초빙된 작가는 작업하는 과정을 보여주거나 영유아와 함께 작업해 볼 수 있다.

⑥ 작문법

글쓰기가 가능한 영유아들은 작품감상 후 특징이나 느낌 등을 글로 써볼 수 있다. 이때 감상문을 워크시트지 형식으로 제시하면 좀 더 구체적인 감상이 이루어질 수 있다.

아직 글쓰기가 서투른 영유아들은 작품을 보고 느낀 점을 색으로 표현하거나 얼굴 표정으로 감정을 표현해 볼 수 있다.

(4) 감상활동의 과정

미술작품은 그저 바라보는 것만으로도 즐거움을 준다. 그러나 작품 속에 무엇이 표현되어 있는지를 알고 제대로 감상할 수 있는 지식과 기술이 증대되면 더욱더 작품을 대할 때의 감흥은 깊어진다. 여러 미술학자들은 미술비평의 과정을 참고하여 단계별로 감상하는 양식들을 고안하였으며, 이 장에서는 펠드만(Feldman)이 제시한 제4단계의 미술비평 모델을 토대로 작품을 감상하면서 토의할 수 있는 방법을 살펴보고자 한다.

① 1단계 서술하기

미술작품을 자세히 살펴본 후 표현된 형태와 색, 내용, 크기 등 눈에 보이는 시각적 요소를 객관적으로 서술한다. 작품의 제목, 작가, 재료 및 기법, 제작 연도 등의 기본적인 정보 목록을 만들어 보며 작품에 대해 인식하는 단계이다.

- 작품에서 본 것을 모두 이야기해 볼까?
- 작품을 자세히 보고 다른 사람이 발견하지 못한 새로운 것들을 찾아보자.

② 2단계 분석하기

서술하기에서는 형상이나 선, 색, 질감, 공간 등을 개별적으로 보았다면 여기서는 이들 특성이 어떻게 조직되었는지 색의 대비와 조화, 선과 선의 어울림, 대칭과 비대칭, 질감의 차이 등의 관계를 분석적으로 살펴본다.

- 손가락으로 이 선이 어떻게 움직이는지 따라가 보자.
- 가장 멀리 있는 것과 가까이 표현된 것은 무엇이니?
- 선과 선이 만나 무엇이 되었니?
- 빨간색이 사용된 것을 찾아볼까?
- 서로 반대로 느껴지는 선이나 색, 형태, 질감 등이 있니?

③ 3단계 해석하기

작품이 주는 의미와 느낌, 인상, 작가의 표현의도가 무엇인지 이야기 나눈다.

- 작품의 전체적인 분위기나 느낌이 어떤지 이야기해 볼까?
- 작품 속의 사람은 무슨 생각을 하고 있을까?
- 작품 속의 사람의 기분은 어떨까? 왜 그렇게 생각하니?
- 작품 속의 사람은 어떤 사람일까?
- 무슨 소리가 들리는 것 같니?
- 이 그림 바로 후에 무슨 일이 일어날까?
- 왜 이 그림을 그렸을까?

④ 4단계 판단하기

이전 단계에서 논의되었던 사실에 입각하여 작품의 다양성에 대해 지각하고 작품의 가치에 대한 종합적인 평가가 이루어지는 단계이다.

- 어떤 점이 이 그림에서 가장 마음에 드니?
- 네가 만약 화가라면 어떤 부분을 바꾸어 보고 싶니?
- 이 그림을 집에 가져간다면 어떻게 하고 싶니?

- 이 작품의 제목을 바꾸어 본다면 무엇으로 바꾸고 싶니?

이상과 같이 작품에 대한 개방적인 질문과 토론을 통해서 영유아의 상상력을 자극할 수 있고 미적인 감각을 기를 수 있다. 또한, 적절한 감상 자료를 복도나 게시판, 실외 공간 등을 이용하여 전시함으로써 영유아들에게 항상 작품을 접할 수 있는 기회를 마련해 주는 것이 바람직하다.

샤갈이 그린 '나와 마을' 그림을 감상하는 예를 통해 이해를 돕도록 하자.

샤갈, 나와 마을(1857)

단계	의미	질문의 내용	참고
서술하기	미술작품을 자세히 살펴본 후 표현된 형태와 색, 내용, 굳기 등 눈에 보이는 시각적 요소를 객관적으로 서술한다.	-어떤 것들이 그려져 있니? -몇 명이 그려져 있니? 그림을 좀 더 자세히 살펴보자. 어떤 것이 보이는지 이야기해 볼까?	색깔이나 모양, 선 등의 이름을 구체적으로 이야기하거나 인물이나 사물의 수 등을 세어 볼 수 있다.
분석하기	작품 속에 나타난 구성요소들(선, 형태, 색, 크기, 균형, 질감 등)이 어떻게 조직되었는지 색의 대비와 조화, 선과 선의 어울림, 대칭과 비대칭, 질감의 차이 등을 분석적으로 살펴본다.	-인물 뒤에 보이는 선을 손가락으로 따라가 보자. 이 선은 어떤 모양을 만들었니? -비슷한(반대되는) 서로 반대되는 느낌이 드는 색은? -가장 가까이(멀리) 표현된 것은? -이 그림에서 부드럽다고(날카롭다고) 느껴지는 것은?	비교하거나 분석하는 단계로 대상의 이름이나 특징, 현상 등을 이해할 수 있다.
해석하기	작품이 주는 의미와 느낌, 인상, 작가의 표현의도가 무엇인지 이야기 나눈다.	이 사람들은 지금 무엇을 하고 있을까? -하루 중 어느 때일까? 왜 그렇게 생각하니? -그림 속의 인물(동물)은 무슨 생각을 하고 있을까? 왜 그렇게 생각하니? -무슨 소리가 들리는 것 같니? -거꾸로 서 있는 집에는 무엇이 있을까? -작가는 왜 이렇게 그렸을까?	대싱물과 관련된 경험 나누기를 통해 폭넓은 지식습득이 이루어질 수 있다.
판단하기	이전 단계에서 논의되었던 사실에 입각하여 작품의 다양성에 대해 지각하고, 작품에 대한 개인적인 판단 및 감상대상에 대한 종합적인 이해가 이루어지는 단계이다.	-어떤 점이 이 그림에서 가장 마음에 드니? -네가 화가라면 어떤 부분을 바꾸어 보고 싶니? -이 그림을 집에 가져간다면 어떻게 하고 싶니? -네가 화가라면 더 그리고 싶은 부분있니?	작품에 대한 자신의 생각과 감정을 표현할 수 있다.

뇌과학적 접근과 다중지능이론

01

뇌과학적 접근과 미술지도

1) 뇌과학적 접근

현대에는 과학기술의 발달로 뇌에 관한 연구가 급속하게 진전되면서 영유아의 행동이나 희로애락의 감정 등 정서적인 문제를 뇌와 연관지어 연구하게 되었다.

인간의 뇌는 모든 행동을 결정하는 정보가 저장되어 있으며 뇌의 발달은 뇌의 세포 수가 증가하는 것이 아니라 뇌 세포들 간의 연결망의 구성과 연결망 간의 활성화를 말한다. 뇌는 대뇌, 소뇌, 중뇌, 간뇌, 연수로 이루어져 있으며 대뇌는 위치에 따라 전두엽과 두정엽, 측두엽, 후두엽으로 구분하며 각 부분마다 조금씩 기능의 차이를 가진다.

영유아기의 뇌발달에 관한 여러 연구들에 의하면 뇌 기반 학습원리를 고려하여 미술교육의 필요성이 제기되고 있으며 미술활동은 뇌의 균형있는 발달을 돕고 긍정적인 정서를 유발하며 창의성을 증진시킨다.

뇌의 발달은 영유아의 시기에 환경의 영향을 받으며 발달하게 된다.

2세 전까지는 우뇌 중심의 사고를 하며 주변 세계를 오감각으로 탐색함으로써 뉴런을 연결하는 시냅스를 증가시킨다. 2~4세는 좌우뇌가 통합되는 시기로 좌뇌가 발달하기 시작하면서 언어발달과 행동의 조절 등이 이루어진다. 4~6세가 되면 종합적인 사고 기능과 창의성이 급격히 발달하며 9~12세가 되면 주의집중이 증가하여 논리적인 학습이 가능해진다(이문정 외, 2019).

뇌의 기능은 다음과 같다.

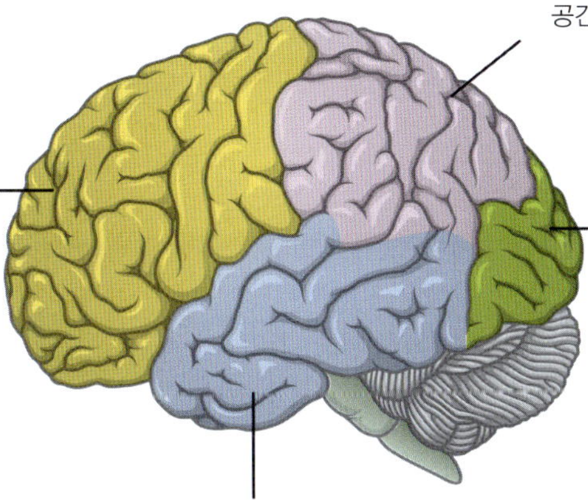

대뇌반구 네 영역	기능
전두엽	뇌의 가장 큰 영역을 차지하고 있으며 종합적 사고와 판단, 행동을 억제하거나 계획, 인성, 도덕성, 감정 등을 조절하는 고등사고 기능. 만 3~6세 사이에 가장 활성화
두정엽	입체, 공간적 사고와 인식, 계산, 연상 기능을 수행하며 외부로부터 들어오는 정보를 조합하는 역할. 만 3~12세 사이에 가장 활성화
후두엽	눈에서 나온 시신경이 가장 먼저 도착하는 곳으로, 눈으로 보고 느끼는 시각정보를 분석하고 통합하는 역할. 만 12세 이후에 가장 활성화
측두엽	언어정보를 해석하고 청각정보를 받고 처리하는 기능. 만 3~12세 사이에 가장 활성화

2) 좌 · 우뇌 기능 및 훈련법

뇌는 좌 · 우의 기능이 전문화되어 있지만 좌 · 우뇌가 분리되고 독립적으로 작동하는 것이 아니라 주어지는 자극에서 각 뇌가 처리하기에 우세한 정보를 먼저 선택하여 처리한 다음 뇌량을 통하여 상호보완적으로 작용한다.

유연하며 가소성이 풍부한 뇌의 특성을 알고 발달단계에 맞는 미술 프로그램을 제공해 주어 전뇌를 통합적으로 활용하여야 한다.

구분	좌뇌	우뇌
기능	언어적, 논리적, 직선적, 분석적, 계획적, 객관적, 산술적, 부분적, 수렴적, 의식적, 구체적 사고와 정보처리 등에 우세	정서적, 직관적, 상상적, 주관적, 기하학적, 전체적, 확산적, 무의식적, 추상적, 시각적, 청각적 등의 사고와 정보처리 등에 우세
강화법	-구체적인 목표를 글로 써보고 실천하기 -추상적인 이야기나 음악을 구체적인 이미지로 기억하기 -떠오르는 생각이나 생활 속의 일들을 기록하기 -해야 할 일들의 우선순위를 세우고 계획하기 -그림을 그린 후 의미를 부여하거나 주변인에게 설명하기 등 -문제를 해결하기 위한 일들을 적어 보기	-개울가의 물 흐르는 소리, 새소리, 바람소리, 소 우는 소리나 전원풍경 등의 자극을 체험하며 오감 키우기 -미술전시회 관람과 음악감상 하기 -사물을 기억할 때 특징을 찾아서 패턴화하여 기억하기 -만화나 영화에서 볼 수 있는 상상이나 공상을 자유롭게 하기 -떠오르는 생각이나 기억을 그림으로 표현하기 -도시공간이나 자연, 환경 등을 입체지도처럼 인식하거나 그림으로 표현해 보기 등
미술을 통한 전뇌 계발법	-평상시 잘 쓰지 않는 손이나 발로 그림 그리기 -대상의 윤곽선이나 여백 보고 그리기, 또는 그림을 거꾸로 돌려 놓고 그림의 가장자리 선과 여백 보고 그리기 -사물을 거꾸로 보고 그리기 -동화 듣고 표현하기 -그림일기 쓰기 등	

02

다중지능이론과 미술지도

1) 다중지능의 이해

우리 아이가 자라서 성공할 수 있을까? 자녀의 성공은 모든 부모의 바람일 것이다.

1983년 하버드 대학교의 Howard Gardner 교수는 『다중지능(Multiple Intelligence) 이론』이라는 책을 통해 '지능'에 대한 새로운 접근을 시도하였다.

지금까지 대부분의 교육기관에서는 지능을 평가하는 도구로 언어와 수학-논리적 영역 위주의 인지적인 측면만을 강조하였으며 교육기관 밖의 현실에서 가치 있게 여겨지는 다른 능력들이 무시되어 온 것이 사실이다. 가드너는 기존 문화가 아동의 능력을 제한하며 과소평가하는 등 지능을 너무 좁게 해석하고 있다는 전제하에 단일한 능력이 아닌 다차원적 능력이 인간의 지능을 구성하고 있으며 이러한 능력들의 상대적 중요성은 동일하다고 가정하였다. 즉, 가드너는 IQ 점수의 한계를 초월하여 넓은 시각에서 인간의 잠재능력을 탐구하였다.

2) 다중지능의 발달 구성의 요인

어떤 아동은 8가지 지능 모두가 매우 높은 수준에 있는 경우도 있으나 일반적으로는 매우 발달한 지능이 있고 어떤 지능은 보통 수준이며 그 외의 지능은 지체된 것도 있다.

가드너는 적절한 자극이나 교육이 제공된다면 그 지능은 어느 정도 수준까지 계발시킬 수 있다고 주장하는데 그 지능들은 상호작용하게 된다. 예를 들어, 미술활동(그리거나 만들기 등)을 시작하기 위해 생각(개인 내 지능)하고 사용하는 매체를 선택(논리-수학지능)해야 하며 그룹으로 활동할 때는 각자의 생각을 이해하고, 양보, 배려(대인관계지능)해야 하며 감상하고 평가하는 활동(언어지능)을 통해 언어를 사용하게 된다. 그리고 가드너는 같은 지능 내에서도 자신의 재능을 표현하는 방법 역시 매우 다양하다는 사실을 강조하고 있다(백중열, 2006).

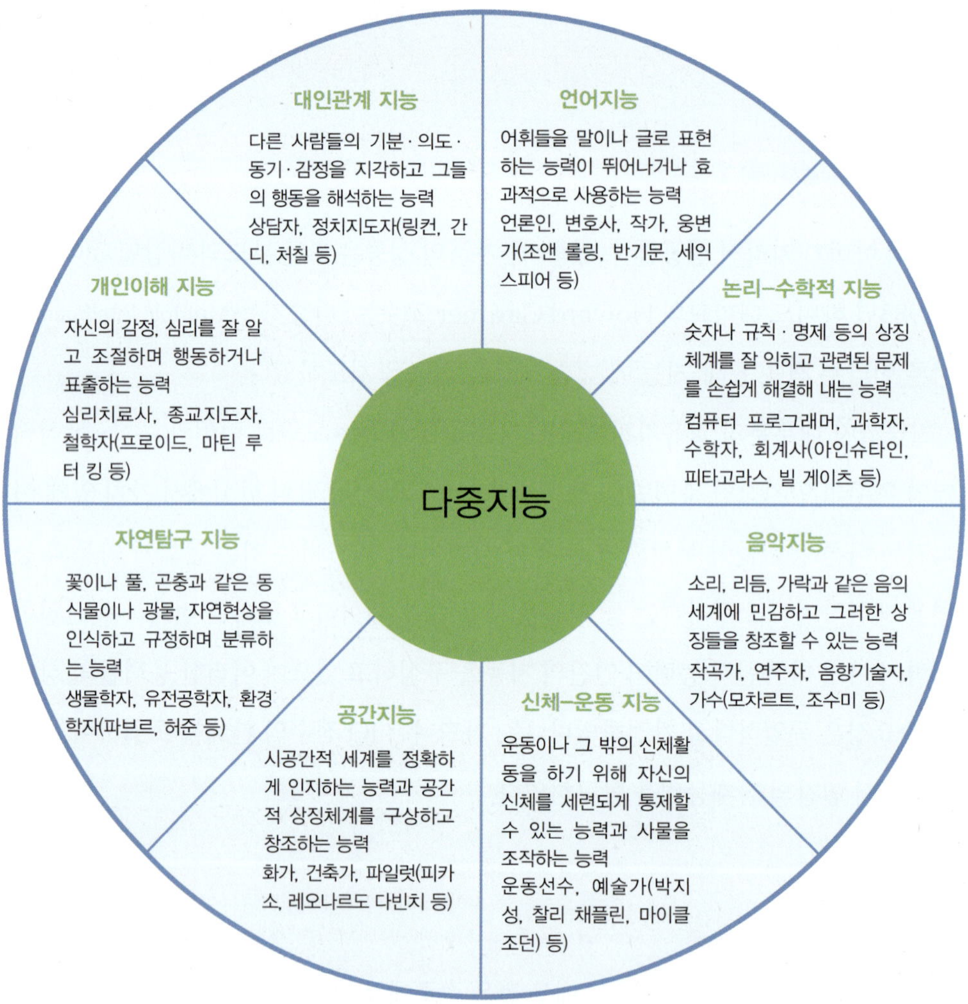

3) 가드너의 지능의 영역

가드너의 다중지능에는 언어지능, 논리-수학적 지능, 공간지능, 음악지능, 신체-운동 지능, 개인이해 지능, 대인관계 지능, 자연탐구 지능, 실존지능 등이 있으나 본 교재에서는 실존지능은 제외시킨다.

① 언어지능

아이가 유난히 말을 빨리 배우는가? 어휘 사용량이 많은가? 문장을 상황에 맞도록 조리 있게 구사하는가? 언어에 대한 호기심이 많은가? 이런 아이는 언어지능이 발달했다고 할 수 있다.

언어지능(linguistic intelligence)은 말이나 글로 표현하여 어휘들을 효과적으로 사용하는 능력을 말하며, 타고난 언어지능과 언어환경에 따라 큰 차이를 보이며 발달한다. 같은 내용을 말이나 글로써 표현하더라도 언어지능이 높은 사람은 다양한 언어를 그 상황에 맞게 활용하고 표현하여 더 효과적인 결과를 얻을 수 있다. 그 외에 언어지능이 높은 사람은 토론학습 시간에 두각을 나타내거나 끝말잇기 게임, 유머나 낱말 맞추기 등을 잘하며 달변가가 많고 글을 쓰는 솜씨가 뛰어난 편이다. 언어지능이 높은 대표집단으로는 언론인, 법조인, 소설가, 카피라이터 등이 있다.

언어지능 쑥! 쑥!

책을 읽고 독후감을 쓰거나 토론하기, 요약하며 발표하기, 그림을 보고 떠오르는 생각이나 느낌을 이야기하기, 그림의 다음 장면을 유추하거나 상상하여 이야기하기, 일기 쓰기, 보고서 쓰기, 역할놀이 등이 도움이 되며 육하원칙에 근거한 언어표현은 언어지능뿐 아니라 논리지능까지도 높일 수 있다.

② 논리-수학적 지능

논리-수학적 지능(logical-mathematical intelligence)은 기존 지능의 핵심으로 생각되어 왔으며 다중지능 이론에서 가장 중요한 위치에 있다. 이는 '숫자나 도형, 수 추리, 규칙, 방정식, 논리적 사고 등과 관련된 문제를 손쉽게 해결해 나가는 능력'을 말한다. 이 지능이 높은 사람들은 대체로 수학이나 사회현상 등 탐구하기를 좋아하고 숫자나 차량번호, 전화번호 등을 잘 기억하는 경우가 많다. 대표집단으로는 과학자, 수학자, 회계사, 컴퓨터 프로그래머 등이 있다.

논리-수학적 지능 쑥!쑥!

쿠키, 식빵, 치즈 등으로 도형이나 모양을 만들어 보기, 분수개념 이해하기, 집안에서 도형이나 색깔 등을 찾아 분류하기 등 색깔별이나 형태별로 구슬을 꿰면서 수 세기나, 규칙 패턴 이해하기, 자동차 번호판 숫자 더하거나 빼서 하나의 규칙을 만들어 보기 등은 일상생활 속에서 논리-수학적 지능을 향상시킬 수 있는 좋은 예이다.

③ 공간지능

방향감각이 뛰어나 처음 방문한 곳도 머릿속에 공간을 그리며 잘 찾아가는가? 수학에서 기하문제를 잘 푸는가? 이들은 공간지능이 뛰어난 사람들이다. 공간지능(spatial intelligence)은 도표, 입체적인 설계, 지도, 그림 등의 시각적, 공간적 상징체계를 정확하게 지각하거나 쉽게 익히는 능력을 의미한다. 이 지능이 높은 사람은 제한된 공간뿐만 아니라 하늘과 바다, 우주까지의 3차원적인 넓은 공간세계를 인지하고 활용하며 변형하는 능력이 뛰어나며, 주로 예술가나 건축가, 골프선수, 인테리어 장식가, 파일럿, 항해사, 안내자, 요리사 등의 직업군을 가질 수 있다.

공간지능 쑥!쑥!

잡지를 이용해 가구나 집기 등을 콜라주하며 배치해 보기, 아이의 그림이나 잡지의 그림을 활용해 퍼즐조각을 내고 맞추어 보기, 탑이나 집 등 어떤 사물을 점토류나 우드락으로 만들어 보기 등의 미술은 공간지능을 계발시키기에 좋은 활동이다. 이외에 특정주제 내용을 마인드맵 하거나 기호로 표시해 보기, 사물을 분해 조립해 보기, 미로찾기 게임, 생활 속에서 도로 표지판이나 간판, 패션 등의 색, 디자인, 기능적 발상 등에 대해 이야기 나누기, 박물관이나 전시회장에 가서 작품을 읽고 해석, 비평 후 가정에서 미술로 연계활동을 통해 심미성을 높이는 것도 공간지능 계발에 좋다. 대표집단으로는 예술가, 항해사, 건축가, 설계사, 파일럿, 외과의사, 요리사, 코디네이터 등이 있다.

④ 음악지능

한두 번 들은 노래를 곧잘 따라 부른다거나 멜로디를 잘 기억하는 아이, 음악에 대한 관심과 흥미가 높아서 음악활동에 즐겨 참여하는 아이, 여러 가지 소리를 들으며 손이나 발을 이용해 리듬을 타는 아이, 발자국 소리나 차 소리만으로 누가 오고 있는지 알아내는 아이라면 음악적 지능이 높다고 하겠다. 음악지능(musical intelligence)은 음악과 관련된 구조나 가락, 리듬과 선율 등의 음악적 양식을 이해하고 그와 관련된 문제를 해결하는 능력이다. 이 지능은 단순히 음에만 국한된 것은 아니며 새소리, 파도소리, 비 내리는 소리 등 소리 패턴에도 민감하거나 소리를 다루는 능력이 뛰어나기 때문에 청각-진동적인 지능이라고 부르기도 한다. 음악적 민감성은 2~7세에 가장 많이 발달한다.

음악지능 쑥!쑥!

생활 속에서 클래식뿐 아니라 국악, 동요, 가요 등 다양한 장르의 음악을 들려주며 음악에 맞게 고개, 어깨, 손, 발 등으로 박자를 맞추거나 신체로 표현해 보기, 동화를 들려주며 의성어나 의태어 부분에 리듬을 넣어 재미있게 들려주기, 음악을 듣고 지휘해 보기, 기억해야 할 정보들을 아이에게 익숙하거나 좋아하는 동요에 개사하여 메들리로 노래 부르기 등으로 즐겁게 음악적 지능을 높일 수 있다. 음악지능이 높은 집단으로는 음악가, 가수, 음향기술자, 음악공연 연출가, 음악 치료사 등이 있다.

⑤ 신체-운동 지능

신체-운동 지능(bodily-kinesthetic intelligence)이란 몸의 균형감각과 민첩성, 운동감, 촉각이 발달되어 신체로 표현하는 활동을 능숙하게 하거나 내면의 세계를 몸으로 곧잘 표현하는 능력을 말한다. 단순히 운동신경이 좋은 것만이 아니라 춤, 연기 등 신체로 표현하는 상징체계를 남보다 쉽게 터득하고 창조할 수 있는 것들을 포함한다.

신체-운동 지능 쑥!쑥!

신체는 대근육에서 소근육의 순서로 발달한다. 걷기, 기어오르기, 달리기, 던지기, 받기, 차기 등의 대근육 사용 활동과 그리기, 찢기, 오리기, 붙이기, 단추 꿰기, 끈 묶기, 목공놀이, 모형 만들기, 바느질하기, 쌓기 등의 소근육을 기민하게 사용하는 활동을 통해 신체-운동 지능을 향상시킬 수 있다. 신체-운동 지능이 높은 집단은 운동선수, 뮤지컬 배우, 외과의사, 물리치료사, 산악인 등이 있다.

⑥ 개인이해 지능

개인이해 지능(intrapersonal intelligence)은 나는 누구인가? 나는 어떤 기질을 가지고 있는가? 나는 어떤 감정을 가지고 왜 이렇게 행동하는가? 등에 대해 스스로 인지하는 능력을 말한다. 이 지능이 강한 사람은 자신의 감정을 잘 다스려서 정서를 이해하는 능력이 뛰어나고 자신의 장점과 약점을 분석하여 자신의 행동을 이해하고 수정해 가는 능력 등이 강하여 현실에서의 크고 작은 스트레스나 역경을 극복할 수 있는 문제해결 능력이 높다.

개인이해 지능 쑥!쑥!

개인이해 지능을 향상시킬 수 있는 가장 중요한 것은 심리적으로 안정감을 누릴 수 있는 가정환경을 제공하는 것이다. 그 외에 상황과 감정에 대해 이야기 나누거나 표정으로 나타내기, 하고 싶은 일, 장래희망 등에 대해 그림 그리기, 산책하며 사색하기, 자신의 느낌이나 생각을 일기나 메모하기 등을 통해 무슨 일을 맡든지 능률적이고 생산적인 아이로 자랄 수 있도록 할 수 있다. 성직자, 심리학자, 심리치료사, 작가 등의 직업군이 있다.

⑦ 대인관계 지능

또래 사이에 인기가 높고 어느 집단군과도 쉽게 잘 사귀는가? 다른 사람을 잘 도와주는가? 리더십이 있는가? 이런 아이는 대인관계 지능이 뛰어나다고 볼 수 있다.

대인관계 지능(interpersonal intelligence)이란 남다른 소통의 기술을 바탕으로 다른 사람들의 감정, 신념, 기분, 의도를 인식하고 대인관계에서 생기는 문제를 해결할 수 있는 능력을 말한다.

대인관계 지능 쑥!쑥!

모든 직업은 사람들과 뗄 수 없는 관계에 있으므로 대인관계가 원만하지 못하면 사회적으로 성공하기가 어렵다고 볼 수 있다. 대인관계 지능은 개인이해 지능과 마찬가지로 서로 이해하고 배려하는 등 평안한 가정환경이 중요하며 역할 놀이하기, 동화를 보며 동화 속 갈등 상황을 간접 경험해 보기, 남의 물건을 쓰거나 빌릴 때의 상황을 재연해 보기 등을 통해 타인의 감정을 이해하거나 문제를 해결할 수 있는 방법 등을 알 수 있다. 대표집단으로는 경영자, 정신과의사, 심리치료사, 개그맨, 사회복지사 등이 있다.

⑧ 자연탐구 지능

식물이나 동물, 광물 등 자연과 관련된 것들에 대해 인식하고 특징에 따라 분류하는 능력을 말한다. 자연탐구 지능(naturalist intelligence)이 높은 사람은 채집이나 탐험 등을 즐기며 여러 현상이나 각종 환경 문제에 관심을 보이기도 한다.

자연탐구 지능 쑥!쑥!

아이들은 강아지나 햄스터 등 애완동물을 길러 보며 각 동물의 생태에 대해 좀 더 쉽게 이해할 수 있고 자연과 더불어 놀이하거나 관찰하는 경험을 통하여 자연에 대한 애정을 가질 수 있다. 좀 더 구체적으로는 돌멩이나 조개껍데기 등을 채집하여 색깔, 무늬, 질감 등으로 분류하기, 자연과 환경에 관한 책이나 다큐멘터리 영상물 보기, 별자리 관측하기, 갯벌탐사 등의 활동을 통해 자연에 대한 호기심과 아름다움을 느끼고 자연탐구 지능을 계발할 수 있다. 대표집단으로는 생물학자, 식물학자, 수의사, 한의사, 유전공학자, 원예가, 환경운동가 등이 있다.

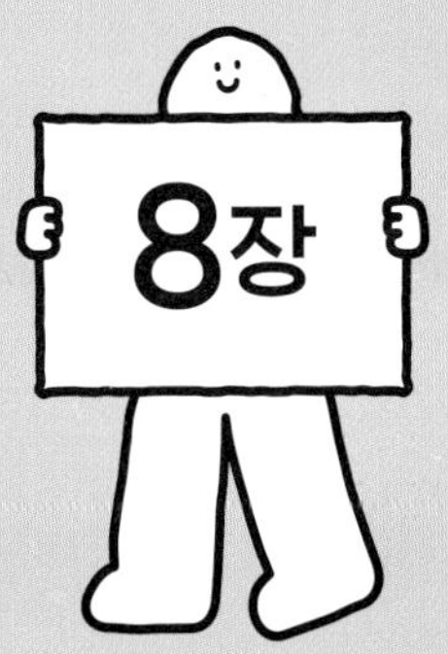

영유아 미술교사의 자질과 역할

영유아의 미술활동에서 교사의 자질과 역할은 무엇보다 중요하다. 교사의 개인적인 특성이나 태도, 전문지식, 상호작용 기술 등 그 능력에 따라 활동의 과정이니 결과가 다르게 나타나는 것을 종종 볼 수 있다.

영유아를 지도함에 있어서 교사 스스로 역할에 대한 충분한 이해와 자신감을 갖지 못하게 되면 역할 수행 능력이 위축될 수 있다. 영유아 미술교사는 기능적, 기술적인 능력을 가진 전문가를 필요로 하는 것이 아니다. 영유아의 성취하고자 하는 목표가 잘 이루어지도록 환경을 제공하고 영유아의 사고력을 자극시켜 스스로 사고하며 활동할 수 있는 능력을 길러주는 데 있다. 이 장에서는 영유아 미술지도에 필요한 교사의 자질과 역할에 대해 살펴본다.

01

영유아 미술교사의 자질

1) 개인적 자질

(1) 인내심

영유아를 대상으로 미술을 지도하는 교사는 영유아가 일상생활 속에서 충분히 탐색하며 자신의 생각과 욕구, 감정을 자유롭게 표현할 수 있도록 허용하며 인내해주는 자세가 필요하다. 특히 어린 영유아들의 미술적인 기능이나 능력을 발달시키는 데에는 성인들의 생각보다 훨씬 더 많은 시간이 필요로 한다는 점을 이해하여야 한다.

(2) 융통성

미술을 지도하는 교사는 영유아 개인의 발달특성 및 흥미와 관심, 정서와 감정, 요구를 존중하고 인정해 줄 수 있을 정도의 융통성을 지녀야 한다. 미술활동 진행 중 영유아의 흥미나 관심을 끌지 못하거나 전혀 다른 방향의 활동으로 흥미와 관심이 전환된다면 교사는 과감하게 활동을 전환하는 융통성을 발휘할 수 있어야 한다.

(3) 개방성

미술을 지도하는 교사는 영유아가 흥미를 가지고 다양한 방법으로 자신의 생각을 표현할 때 적극적으로 수용할 수 있는 개방적인 자세가 필요하다. 교사는 영유아의 새로운 시도나 독창적인 표현을 수용할 수 있어야 하며, 영유아의 활동 과정 및 결과물에 대한 개방적인 자세는 영유아의 긍정적인 자아개념 형성에 큰 영향을 줄 수 있다.

(4) 원만한 대인관계

미술활동에 대한 자신감이 부족한 교사는 미술활동을 진행할 때 부담감을 가질 수 있다. 이러한 문제를 해결하기 위해서는 원만한 대인관계를 통한 동료 교사들과의 상호보완적인 협력이 필요하다. 이를 통해 미술지도에 대한 부담을 줄일 수 있고 미술교육에 대한 자신감과 전문적인 자질을 향상시키는 데 도움이 된다.

(5) 심미적 감수성

미술을 지도하는 교사는 자연이나 일상생활 속에서 아름다움에 대해 인식할 수 있는 심미적 감수성이 풍부해야 한다. 심미적 감수성이 풍부한 교사는 일상에서 이루어지는 수많은 심미적 체험을 지닌만큼 영유아에게 다양한 심미적 경험을 제공할 수 있다. 이러한 심미적 감수성은 심미적 경험에 대한 열정과 노력으로 발달될 수 있으므로 교사는 생활 속 여러 경험들이 심미적 경험으로 이어질 수 있도록 노력해야 한다.

2) 전문적 자질

(1) 영유아 미술 발달단계에 대한 지식

영유아의 미술표현에 대한 발달적 특성을 고려하지 않고 제공되는 미술활동은 영유아에게 무의미하거나 좌절감을 안겨줄 수 있다.

발달에 적절하지 못한 미술활동의 계획과 활동은 자칫 미술은 어렵고 재능있는 특별한 사람만이 할 수 있다는 잘못된 생각을 가지게 할 수 있다. 교사는 영유아 미술의 중요성과 발달단계에 대한 지식을 바탕으로 하여 영유아의 발달상황을 지속적으로 평가하면서 영유아의 발달을 촉진할 수 있는 미술활동을 제공해야 한다.

(2) 교육과정 및 교수법에 대한 지식과 기술

미술을 지도하는 교사는 예술경험 영역의 세 가지 내용 범주인 탐색, 표현, 감상의 내용이 어느 한 쪽에 치우쳐 지지 않고 균형있는 경험을 할 수 있도록 도와주어야 한다.

교사는 교육과정에 제시된 내용을 토대로 '무엇을 가르칠 것인가'가 아닌 '주어진 교육과정을 어떻게 재구성하여 어떻게 가르칠 것인가'에 초점을 두어 영유아의 예술적 감수성과 창의성, 심미감이 향상될 수 있는 다양한 교수법에 대한 전문적인 지식과 기술이 필요하다.

(3) 미술을 매개로 한 의사소통 능력

언어적 표현이 부족한 영유아들에게 있어 미술은 자신의 내면세계를 표현하는 의사소통의 수단이 된다. 그러므로 미술을 지도하는 교사는 영유아의 표현을 이해하고 적절한 상호작용을 통하여 자신의 생각과 느낌, 감정을 솔직하게 표현할 수 있도록 지원하여야 한다.

이 밖에도 미술을 지도하는 교사는 미술표현 능력이나 미술감상 능력 등을 갖추어야 할 뿐 아니라 전문적인 자질 함양을 위해 지속적인 연구와 노력이 필요하다(이소은 외, 2023).

02

영유아 미술교사의 역할

1) 계획자

미술을 지도하는 교사는 영유아의 발달과 영유아교육과정, 미술교육에 관한 이론들을 토대로 영유아의 관심이나 발달수준에 맞도록 적절한 미술활동을 계획하여야 한다.

미술활동의 계획은 영유아의 균형있는 미술적 경험을 제공하기 위한 것이며 교사가 미술활동을 계획했다고 해서 교사 주도적인 활동이 되어서는 안 된다. 이때 유능한 교사는 영유아 스스로의 선택에 의해 놀이나 활동이 시작하였다고 느낄 수 있도록 계획할 수 있어야 한다.

2) 관찰자

미술을 지도하는 교사는 영유아의 놀이나 활동 등 일과속에서 미술활동으로 연계하거나 확대된 경험을 가질 수 있도록 자세히 살펴보아야 한다. 또한 영유아 개인의 발달 변화나 요구, 관심사 등 개별성을 존중하고 영유아와의 상호작용을 위해 교사는 민감성을 가지고 살펴보는 관찰자로서의 역할이 필요하다.

3) 촉진자

미술활동은 작품의 결과가 아니라 영유아에게 경험과 사고를 자극하여 표현하고자 하는 의욕의 환기가 중요하다. 미술을 지도하는 교사는 영유아의 미술활동을 관찰하면서 필요에 따라 적절히 개입하여 영유아의 활동을 촉진하여야 한다. 동기(motive)란 활동할 수 있도록 자극하여 의도하고자 하는 목표로 향하게 하는 것, 즉 '~하고 싶은 마음'이 들도록 원인을 제공하는 것이다. 영유아의 미술활동을 촉진하기 위해 교사는 영유아의 흥미를 살피고 영유아가 생각하고 느끼면서 상상할 수 있는 경험적 동기유발과 영유아가 불안해하지 않으며 편안한 분위기 속에서 자유롭게 표현할 수 있는 심리적 동기유발이 이루어지도록 도와주어야 한다.

4) 지원자

영유아는 자신의 느낌과 생각을 표현하거나 어떤 문제에 직면했을 때 어려움을 느끼게 된다. 이때 교사는 영유아의 활동을 관찰하면서 도움이 필요할 때 적절한 발문으로 영유아 스스로 문제를 해결할 수 있도록 용기와 자극을 주어 원활한 활동이 이루어지도록 지원해 주어야 한다.

5) 환경제공자

미술을 지도하는 교사는 영유아의 발달단계에 알맞은 환경을 조성해 주어야 한다. 영유아의 정서적. 창의적인 표현을 지원하고 촉진시킬 수 있는 공간, 시설, 다양한 자료와 도구, 활동 등 준비된 상황을 마련해 주는 물리적, 심리적 환경조성자로서의 역할을 수행하여야 한다.

6) 평가자

미술을 지도하는 교사는 미술놀이나 활동을 통해 영유아의 변화과정을 알아보는 평가자로서의 역할을 수행하여야 한다. 미술활동에서 평가란 영유아의 작품만을 평가하는 것이 아니라 활동의 과정에서 영유아의 눈빛과 표정, 행동과 반응까지 모두 평가하여야 한다.

영유아는 미술활동을 통해 자신감과 성취감을 느끼게 된다. 표현의 아이디어나 색의 조화로운 사용, 재료 사용의 적절성, 정리하는 단계까지 작품의 결과보다는 창작과정을 고려하여 평가하도록 한다.

영유아 미술의 전시 및 평가

01

전시

1) 전시목적 및 방법

교사는 영유아의 작품을 수집하여 다른 사람과 공유하기 위해서 전시를 한다. 전시란 영유아의 작품을 경쟁적인 의도 없이 실내외에서 작품을 보여 주는 것을 의미한다. 영유아는 오감각을 통해 환경을 탐색함으로써 전시된 작품을 포함한 환경 속에서 학습의 기회를 가질 수 있으며 교육적인 목적을 수행하는 중요한 의미를 지닌다. 전시의 목적은 영유아의 미술활동을 가치롭게 인정해주는 것 중 하나가 결과물을 전시하는 것이다. 영유아가 작품을 보고 생각과 느낌을 함께 나눌 수 있으며 표현의 차이를 통해 다른 친구들의 생각을 이해할 수 있게 되고, 교사에게는 영유아의 작품전시를 통해 발달단계를 이해, 비교할 수 있는 기회가 된다.

그리고 영유아는 전시된 자신의 작품을 보는 것을 기뻐하고 자랑스럽게 여기며 친구들의 작품과 함께 전시된 자신의 그림을 보고 소속감과 성취감, 자긍심을 느끼게 된다. 또한, 전시된 작품을 통해 자연스럽게 생각과 느낌을 나누는 감상의 기회를 가지게 되며 동기부여의 기회가 된다. 모든 전시는 작품이 돋보일 수 있도록 매력적으로 구성하여 교사가 나의 작품을 소중하게 생각하고 있다는 것을 느끼도록 한다.

영유아의 작품은 다음과 같은 유의사항을 고려하여 전시하도록 한다.

① 영유아 개개인의 작품을 개별적으로 전시하거나 개인작품을 모아서 공동작품화 할 수 있다.

② 어른의 시각으로 잘된 작품만 전시하여 소외감을 느끼지 않도록 하고 가능한 영유아 스스로 선택한 작품이나 애착을 보이는 작품을 모두 전시하는 것이 바람직하다. 그것이 불가능할 경우에는 양해를 구한 후 조별이나 요일별로 구분하여 전시한다.

③ 영유아들이 쉽게 감상할 수 있도록 영유아의 눈높이에 맞추어 전시한다.

④ 작품에는 영유아 스스로 이름을 쓰거나 별도의 이름표를 붙인다. 또한, 작품이 돋보이도록 그림의 테두리를 장식할 수 있고 입체물일 경우에는 작품의 주제와 색을 고려하여 밑받침을 만들어 전시할 수 있다.

⑤ 영유아의 감각이 자극될 수 있도록 관련성이 있는 사진이나 실물, 작업하는 동영상, 음악, 모형, 기타 예술 참고작품 등 시청각 자료를 곁들여서 전시한다.

⑥ 실내의 벽이나 게시판에 전시할 뿐 아니라 전시 환경의 특성을 살려서 복도나 천장, 창가, 창문, 문, 교구장, 책상 등 다양한 방법으로 전시할 수 있으며 실내는 물론 원 입구, 놀이터, 공원, 길거리 등 야외 전시도 계획해 본다.

⑦ 작품의 주제나 계절에 따라 다양한 종류의 천이나 줄, 나무, 발, 어망이나 상자류, 가리개, 건조대 등을 배경으로 활용할 수 있다.

위와 같은 전시 방법은 영유아가 학습한 것을 확인하게 되고 새로운 학습의 동기를 유발하는 계기가 된다. 어떤 방법으로 전시하든 간에 중요한 것은 작품의 특성을 가장 잘 살려줄 수 있도록 전시해서 교육적 효과를 극대화하는 것이 중요하다.

2) 정리 및 보관

활동이 끝나면 영유아가 자신의 그림을 정리하는 기회를 가지는 것이 좋다. 이러한 기회는 영유아들로 하여금 자신의 물건을 스스로 정리하고 보관하는 습관을 기르게 하고, 자신의 작품을 소중히 여기는 것을 통하여 긍정적인 자아개념을 형성하도록 한다.

영유아들이 자신의 작품을 스스로 정리할 수 있도록 도와주는 활동들은 다음과 같다.

① 영유아 자신의 작품을 정리하기 위해 작품 보관장을 정리하는 기회를 갖는다. 작품을 계속 보관하기는 어려우므로 작품이 어느 정도 모이면 몇 차례로 나누어 집으로 돌려 보내도록 한다.

② 작품의 장을 정리하는 날에는 영유아와 교사가 함께 작품을 정리할 수 있다. 작품에 글을 쓸 수 있는 영유아는 영유아 스스로 작품의 제목과 완성한 날짜, 이름을 쓰고 혼자서 쓸 수 없는 영유아는 교사가 작성하여 준다. 작품의 모양이나 크기별로 모아 포트폴리오로 정리하고 입체작품의 경우는 작품이 손상되지 않도록 상자에 담아 보관하거나 사진을 찍어 포트폴리오에 보관한다.

③ 묶은 포트폴리오를 집으로 가지고 가는 날, 가정에서 일부 작품을 전시하거나 작품에 대한 관심과 칭찬을 해주어 영유아가 성취감과 자긍심을 느낄 수 있도록 통신문도 함께 보내고, 가정에서도 영유아교육기관과 일관성 있는 교육을 하도록 도움을 준다.

02

영유아 미술의 평가

1) 평가의 목적 및 구분

평가(evaluation)란 '실시된 모든 학습에서 활동한 목표나 목적을 가지고 성취 수준을 확인하는 일'이다. 영유아의 발달에는 차이가 있으므로 영유아 미술활동에서 평가는 영유아발달의 이해를 돕고, 개별 영유아에게 적합한 학습목표를 설정하여 교수활동을 제공하기 위해 실시한다. 평가를 통해 미술활동 중에 보이는 영유아의 행동이나 반응, 작업 진전의 정도에 따라 적절한 개입과 상호작용을 함으로써 미술교육의 효과를 높일 수 있다. 평가는 미술활동을 통해 다양한 영역의 영유아발달과 성장을 촉진하였는지, 또한 각 활동에서 설정된 수업목표의 적절성과 성취 수준, 영유아의 흥미와 요구를 파악하여 이후 다음 활동을 계획하고 지도하기 위한 자료로 활용하는 데 목적이 있다. 그리고 관찰을 통해 수집한 영유아의 미술발달에 대한 여러 가지 정보를 부모에게 제공할 수 있으며 가정에서의 협력을 구해 좀 더 체계적이고 효율적인 지도와 발달이 이루어지도록 하기 위해 평가는 이루어진다.

영유아 미술활동에 대한 평가는 개별평가와 집단평가로 구분하여 설명할 수 있다.

(1) 개별평가

영유아들이 활동하는 동안에 교사는 각 영유아의 활동과정을 관찰하여 개별적으로 평가, 지도하는 방법이다. 영유아의 자신감이나 민감성, 이해도 등이 어느 정도 신장되는가를 확인하는 데 그 목적이 있으며 표현에 대한 구체적인 칭찬과 격려로 열등감이나 좌절감을 느끼지 않도록 배려한다.

(2) 집단평가

교수목표에 대한 다른 영유아들과의 비교평가로 집단 내에서 영유아의 성취 수준을 비교하는 것이다. 집단평가는 작업이 끝난 후 이야기 나누거나 자신의 작업에 대해 소개할 때 평가하는 것으로 미술활동에 대한 기본적인 지식을 익히고 다른 사람의 작품을 보고 감상의 기회를 가지며 자신의 작품과 비교함으로써 성취감이나 융통성을 기를 수 있다.

2) 평가의 기준

어떠한 대상에 관해 평가할 때는 기준이 있어야 한다. 평가자는 교사이므로 평가자의 입장에서 스스로의 자질문제가 뒤따르게 된다. 교사는 평가하는 목적에 대하여 충분히 인식해야 하며, 또한 영유아의 심리과정에 대한 이해와 교사 스스로의 미적 감각이나 이해가 있어야 한다. 로웬펠드는 바람직한 평가기준을 인간이 지니고 있는 창조성과 예술성을 신장하는 데 주력하며 자기 확인의 정도와 각종 발달의 속성, 표현의 객관적 기준 등에 두었다. 평가하기 전에 교사가 유의해야 할 점은 다음과 같다.

① 평가는 분명해야 한다.

② 평가의 모든 기준은 객관적인 입장에서 세워져야 한다.

③ 평가는 미술활동의 결과뿐 아니라 활동과정 전반의 가치나 중요성이 반영되어야 한다.

④ 평가는 미술활동의 내용 및 재료가 가지는 교육적 의미, 활동목표, 미술활동 계획 시 재료 등 준비과정의 고려성, 영유아의 창의성, 정서성, 심미성 등이 존중되었는지 등을 검토해야 한다.

3) 평가의 방법

주관적인 요소가 강한 미술활동에 대해 객관적이고 타당성 있는 평가를 하기 위해서 단기간이나 몇 번의 활동으로 평가하지 말아야 하며 여러 가지 방법을 고려하여 평가할 수 있도록 한다. 영유아 미술활동의 평가는 영유아에 대한 평가와 교사의 자기평가로 구분하여 살펴본다.

(1) 영유아에 대한 평가

① 관찰기록법

영유아를 이해하고 평가하기 위한 가장 기초적인 방법 중의 하나로 미술활동이 진행되는 동안 활동 내용에 대한 영유아의 언어적 · 비언어적인 반응 여부, 작업태도, 재료활용능력 등을 관찰하여 기록한다. 관찰평가는 영유아의 행동에 대해 주관적인 해석을 피해야 하며 영유아의 말과 행동의 특성을 기록하는 객관적인 기록이 중요하다. 관찰법은 시간적 구애를 받지않고 자유롭게 활용할 수 있다는 장점이 있으나 관찰자의 편견이나 평가기술에 따라 평가가 달라질 수 있다는 단점이 있다.

② 포트폴리오

포트폴리오(portfolio)는 영유아의 활동사진이나 작품을 수집하여 정리한 작품집을 이용하여 평가하는 방법이다. 포트폴리오에는 영유아의 작품과 사진, 활동과정 중의 녹음자료나 비디오 촬영자료, 교사의 관찰기록, 영유아와 부모의 면담 및 설문자료 등 종합적이고 다양한 정보가 포함된다. 관련된 자료들은 시간의 순서

대로 정리하며 영유아의 활동사진이나 작품에는 작업한 일시나 주제, 표현한 내용을 기록한다. 영유아의 포트폴리오를 통해 작품의 변화과정과 긍정적인 부분이나 보완점, 영유아의 성장과 발달의 과정 등을 파악할 수 있다.

③ 평가 목록표

평가 목록표는 미술활동 중에 관찰하고자 하는 내용을 목록표를 통하여 평가하는 방법이다(이희선 외, 2020 재인용).

영유아 미술 평가 목록표				
평가 날짜				
대상 영유아		예	아니오	비고
탐색	• 다양한 물체를 사용하여 탐색, 실험, 발견한다. • 물체를 탐색하는 과정을 즐긴다. • 다양한 감각을 사용한다. • 감각 기관을 통하여 사물의 속성과 개념을 인식한다. • 사물의 물리적 변화에 대해 호기심을 갖는다. • 적극적으로 문제를 해결하며 원인과 결과를 이해한다.			
표현	• 표현 활동을 위한 기초 능력으로 신체 협응 및 조절이 가능하다. • 다른 영유아를 모방하지 않고 자신의 아이디어를 표현한다. • 미술 자료를 이용하여 자신의 느낌, 경험, 생각을 표현한다. • 여러 가지 자료를 다양한 방법으로 활용한다. • 자신감 있게 표현 활동을 한다.			
감상	• 자신의 미술 작품에 자긍심을 갖는다. • 다른 사람의 아이디어, 스타일, 작품을 인정한다. • 다양한 미술 작품에 대하여 관심을 갖는다. • 미술 작품에 대한 느낌을 언어로 표현한다. • 미적 요소(색, 선, 양감, 패턴, 공간, 질감)를 안다. • 미적 요소를 토대로 감상하고 토론한다. • 미술 작품의 공통점과 차이점을 인식한다.			

④ 자기평가법

자기평가법은 미술활동에 대한 느낌이나 소감, 활동에서 좋았던 점(힘들었던 점), 다음에 표현해 보고 싶은 주제나 재료 사용 여부 등의 질문에 영유아 스스로 평가하는 방법이다. 교사의 질문에 대해 영유아가 직접 답하는 방식이나 읽고 쓰기가 힘든 영유아일 경우 교사가 영유아의 대답 내용을 그대로 기록한다.

질문이나 대화를 통한 자기평가법은 영유아의 생각이나 정서, 영유아의 흥미나 요구, 개성 등을 알 수 있는 자료가 된다.

자기평가를 위한 평가항목의 예	
1	오늘 작업에 대한 느낌이 어떠니?
2	오늘 작업에서 무엇이 좋았니?
3	오늘 작업에서 힘든 점은 무엇이었니?
4	오늘 작업에 열심히 참여하였니?
5	사용할 재료나 도구가 적절하였니?
6	다음에 해보고 싶은 작업은 무엇이니?

(2) 교사의 자기평가

교사의 자기평가는 다음의 활동을 계획하고 수행하는 데 반영이 되고 교사 스스로 성장하며 발전할 기회를 얻게 되므로 매우 중요하다고 할 수 있다. 교사는 자기평가를 위해 수업의 과정을 녹화하여 분석하거나 관찰일지, 반성적 저널 쓰기 등의 방법으로 자기평가를 할 수 있으며 미술 교수에 대한 장단점 및 개선요소를 파악하여 최대한 객관적으로 평가하여야 한다(이희선 외, 2020 재인용).

영유아 미술교육 프로그램 평가 목록표				
평가 날짜				
대상 영유아		예	아니오	비고
교사의 자질 평가	• 영유아 미술 발달 단계와 영유아기 미술의 특징을 이해한다. • 느낌이나 생각을 자유롭게 표현하도록 허용적인 분위기를 조성한다. • 영유아와 언어적으로 또는 비언어적으로 적절하게 상호작용한다. • 교사 자신이 창의적이며 독창적이다.			
미술활동 평가	• 미술활동이 영유아의 흥미 및 발달 수준에 적합하다. • 개별활동 및 집단활동이 균형 있게 실시된다. • 탐색, 표현, 감상 등 다양한 미술 활동이 선정된다. • 미술활동이 다른 발달 영역과 통합된다.			
지도 방법 평가	• 영유아를 주의 깊게 관찰하며 필요한 시기에 적절히 개입한다. • 영유아 각자의 흥미에 따라 활동하도록 충분한 시간을 제공한다. • 영유아 스스로 탐색, 표현, 감상하도록 격려한다. • 미적 요소를 찾고 활용할 수 있도록 확산적 질문을 사용한다. • 미술활동을 다른 영역의 활동으로 확장하도록 유도한다.			
환경 구성 평가	• 영역 배치와 활동 공간이 적절하다. • 다양한 미술 매체 및 자료와 도구가 제공된다. • 미술 활동과 관련된 각 영역에 적절한 자료가 준비된다. • 영유아의 흥미를 끌 수 있는 창의적인 미술 자료가 제공된다. • 미술 자료가 보충되고, 교체되며, 새로운 자료가 첨가된다. • 자료가 효율적으로 비치되어 있어 영유아가 손쉽게 사용할 수 있다.			

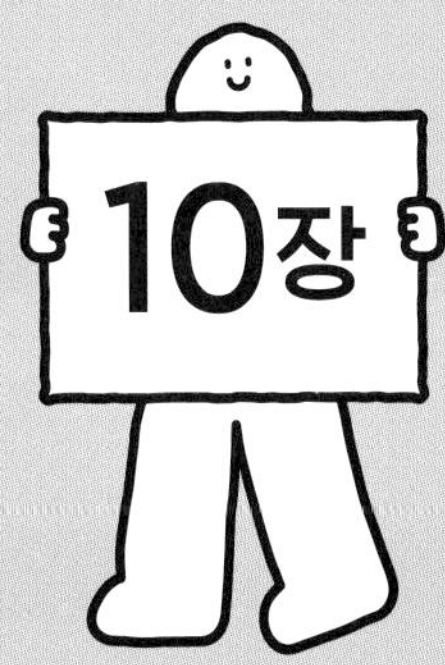

영유아 미술의 환경구성

01

미술을 위한 환경

① 영유아 미술활동을 위한 환경은 미술활동에 참여하는 공간적 의미뿐 아니라 영유아의 발달적 요구나 흥미를 반영한다.

영유아교육기관에서 미술교육이 효과적으로 이루어지기 위해서는 영유아가 마음껏 환경을 탐색하고 자신이 가진 생각과 느낌을 자유롭고 능동적으로 표현해 보며 감상활동이 자연스럽게 이루어질 수 있는 환경이 제공되어야 한다.

② 영유아교육기관의 환경은 크게 인적 환경과 물리적 환경으로 구분할 수 있다.

인적 환경은 교사, 부모 외, 영유아들과 상호작용이 이루어지는 인적 환경을 말하며 물리적 환경은 건물의 내 · 외부 시설이나 비품, 교재교구, 각종 재료 등을 의미한다. 미술활동을 위한 물리적인 환경은 미적인 요소를 경험하고 표현하는 공간, 상호작용을 자극하고 유도하는 공간으로 영유아의 성장과 발달에 직 · 간접적으로 영향을 미치는 중요한 요인이 된다. 이러한 환경적 공간은 영유아의 흥미나 자율성, 진행되는 놀이의 흐름에 따라 새로운 공간을 만들며 확장할 수 있는 조정되는 환경이 중요하다.

그러므로 영유아 미술활동을 위한 환경은 자율적인 생각과 동기로 즐거운 창작표현활동과 영유아의 전인발달이 이루어지도록 조성되어져야 한다(박광숙, 2015).

영유아는 미술놀이나 활동을 통해 다양한 자료를 탐색하게 되고 탐색한 자료들로 자신의 내적 세계 및 주변 세계를 표현하게 된다. 영유아에게 적절한 미술공간을 구성하기 위해서 다음과 같은 기본적인 사항을 고려하도록 한다.

- 미술 영역은 그리기, 꾸미기, 만들기 등 다양한 재료들을 이용해 영유아들의 생각을 창의적으로 표현하고 격려되는 공간이다. 너무 소란하거나 움직임이 많은 출입구와 가까운 곳, 교실 한가운데, 통행량이 빈번한 곳은 피해서 배치한다.
- 미술 영역에서 영유아는 개별활동을 즐기지만 영유아의 집단놀이나 활동이 이루어질 수 있으므로 상황에 따라 다른 영역과 합치거나 교실 전체를 사용하여 활동이 가능하도록 융통성 있게 배치한다.
- 미술 영역은 시각적인 활동에 방해되지 않도록 밝은 곳, 즉 창문과 가까운 곳으로 위치를 정하도록 한다. 경우에 따라서는 인공조명을 설치할 수 있으며 인공조명 설치 시 밝고 어둡기의 강도를 조절할 수 있도록 하고 그림자가 생기지 않도록 유의한다.
- 미술은 핑거페인팅, 찍기, 점토 등 물이 필요한 활동이 많고 교실 바닥이나 벽면이 활동으로 오염될 수 있어서 수도 시설 가까이에 배치한다. 교실 내에 수도 시설이 없는 경우 화장실과 가까운 곳으로 배치하여 물의 공급이나 손 씻기, 정리에 편리하도록 한다.
- 바닥이나 책상은 활동에 따라 비닐이나 방수포를 깔아 주어 물감이 떨어지거나 엎질렀을 때 쉽게 닦을 수 있도록 배려한다. 또한, 영유아들이 활동하는 과정에서 물이나 물감이 손에 묻거나 바닥에 흘렀을 때 즉시 닦을 수 있도록 마른 수건이나 걸레, 스펀지, 휴지 등을 준비해 주고, 특히 바닥의 물기 때문에 미끄러지는 일이 없도록 주의를 요한다.
- 미술 영역은 작품 건조와 자료 게시, 작품 전시를 통해 감상활동이 자연스럽게 이루어질 수 있도록 공간이 구성되어야 한다.
- 영유아는 조성된 환경에 따라 차분하게 때로는 신만하게 될 수 있으므로 영유아의 성장발달을 고려하여 심미적으로 구성하도록 한다.

02

미술활동을 위한 설비

영유아 미술활동을 위한 기본적인 설비에는 책상, 자료 정리장, 작품 건조대, 게시판 및 전시대, 자료 정리장 등이 있으며 이러한 설비는 영유아의 발달에 적합하며 영유아가 사용하기에 안전한 것으로 제공하도록 한다.

1) 책상

미술 영역에서 이용되는 책상은 그리기나 만들기 등의 미술활동을 영유아가 함께 작업하는 경우가 많으므로 인원이나 활동에 따라 변형이 가능한 것으로 준비한다. 책상의 크기 및 개수는 영유아의 신체조건이나 인원 수, 활동실의 공간 등을 고려하여 결정해야 한다. 책상 위에는 물감이나 유성매직 등 활동에 따라 비닐이나 방수포 등을 덮어 미술활동 시 생길 수 있는 책상의 손상을 미연에 방지하는 것이 좋다. 어린 영아의 경우에는 바닥에 앉아서 활동하는 것이 안정적이므로 낮은 책상을 준비하도록 하며 책상 모서리는 둥글게 처리되어야 한다.

2) 자료 정리장

미술활동에서는 여러 가지 자료를 사용하기 때문에 자료를 종류별로 분류하여 영유아들이 쉽게 꺼내어 사용하고 또 정리할 수 있도록 구비하여야 한다. 자료 정리장에 여러 가지 자료를 배치할 경우 자료의 명칭이나 그림, 사진 등을 부착하여 영유아들이 편리하게 사용하고 정리할 수 있도록 한다. 콜라주 등의 용도로 활용되는 빨대, 단추, 도토리 같은 작은 자료는 깨어질 염려가 없는 투명한 용기를 사용할 수 있다. 이러한 자료 정리장은 영유아가 자료를 직접 볼 수 있고 자유롭게 꺼낼 수 있도록 개방식 선반의 형태가 적합하다. 또 자료 정리장은 영유아의 요구에 따라 효율적으로 이동하며 공간을 사용할 수 있도록 바퀴가 부착되어 있으며 이동 후에는 자료 정리장이 밀리지 않도록 바퀴의 잠금장치가 되어 있어야 한다.

3) 작품 건조대

미술 영역에는 물감작업물 등 작품을 말릴 수 있는 공간이 필요하다. 이 공간은 교사가 영유아의 작품에 대한 노력과 가치를 인정해 준다는 의미에서 중요하다. 미술활동을 마친 후 선반이나 빨랫줄, 건조대 등을 이용하여 작품을 건조시킬 수 있다.

매달아서 전시할 수 없는 작품은 선반이나 교구장, 개인 장 위에 올려놓고 건조시키거나 평면작업의 경우 교실이나 복도의 한쪽 바닥에 신문지 등을 깔고 건조시킴으로써 전시하는 효과도 거둘 수 있다. 또한, 영유아의 작품을 진열대와 게시판을 활용하여 건조, 전시함으로써 영유아들의 생각과 아이디어 등을 서로 이해하거나 공유할 수 있다.

4) 게시판 및 전시대

미술 영역에는 영유아의 작품을 전시할 수 있는 공간과 여러 작가들의 작품을 비록하여 영유아가 감상할 작품을 전시할 수 있는 게시판과 전시대가 필요하다. 게시판과 전시대는 영유아의 눈높이에 맞추어 작품 주제나 특성, 교실의 공간 등을 고려하여 다양한 방법으로 전시한다.

5) 작업복

영유아는 미술활동 중에 물감이나 유성매직, 크레파스 등이 묻는 경우가 많으므로 작업복을 준비해 둔다. 시중에 판매하는 작업복이 아니더라도 부모가 입던 헌옷을 집에서 가져와 대체하여 활용할 수 있다. 작업복은 영유아 스스로 입고 벗으며 정리할 수 있도록 지도한다.

6) 청소 도구함

미술활동이 끝나면 영유아가 자율적으로 정리할 수 있도록 빗자루, 쓰레받기, 스펀지, 걸레, 휴지통 등을 비치한다.

7) 작품 보관장

완성된 작품들에 대한 보관은 대개 영유아의 개인 사물함을 활용한다. 작품 중에서 평면작품은 보통 전시 후 보관하였다가 포트폴리오에 정리하여 주고, 입체작품은 장 위에 놓아두었다가 집으로 가져가도록 한다. 작품은 영유아에 대한 정보를 알려 주는 중요한 자원이 될 수 있으므로 그 보관이 중요하다.

03

미술활동을 위한 재료

영유아는 다양한 재료를 탐색하고 조작해 보면서 실험적 사고가 길러지며 재료 사용에 대한 기술이 발달하게 되고 이러한 것들은 창의적인 사고로 연결될 수 있다. 미술활동에서 사용되는 재료는 영유아의 관심과 요구에 따라 제시되어지도록 하며 영유아가 재료를 탐색하고 익힐 시간과 기회를 충분히 제공해 주어 재료와 도구를 그 특성에 따라 자신감을 가지고 표현할 수 있도록 도와주어야 한다. 미술활동에서 사용할 수 있는 재료는 다음과 같은 점을 고려하여 제시하도록 한다.

① 미술재료는 영유아의 경험을 확장시키며 발달수준에 적절하여야 한다.

② 영유아의 흥미와 요구에 따라 생활 주변에서 쉽게 접할 수 있는 친숙한 재료에서 점차 새로운 재료로 확대하여 준비한다.

③ 평면과 입체적 재료를 경제성을 고려하여 다양하고 충분히 제공한다.

④ 미술재료는 위생적이고 영유아가 사용하기에 위험성이 없이 안전해야 한다.

1) 그리기 재료

- 연필의 흑심은 흑연과 점토를 적당한 비율로 배합하여 고온에서 구워 만든 것으로 배합의 비율에 따라 가장 단단하고 연하게 써지는 9H(hard)에서 부드럽고 진한 9B(black)까지 나누어진다. 영유아가 그리기 활동에 사용하기에는 HB · B · 2B 정도가 적당하다.
- 크레파스는 크레용과 파스텔의 합성어로 안료에 왁스 또는 야자유를 배합하여 굳힌 것이다. 크레파스는 재질감이 부드럽고 색이 선명하여 진하게 채색되며 종이가 벗겨진 크레파스는 옆면을 함께 사용할 수 있어서 넓은 면을 칠하기에 좋다.
- 크레용은 안료에 파라핀이나 목랍을 혼합한 것으로, 잘 부러지지 않고 부드럽게 칠해지며 손에 잘 묻어나지 않는다. 경도가 강하며 혼색은 가능하나 긁기 등 스크레치 활동에는 사용할 수 없다.
- 파스텔은 탄산석회와 안료를 아라비아고무, 전분 등과 같은 수용성 접착체와 혼합하여 굳힌 것으로 유분이 없는 건성파스텔과 기름 성분을 첨가한 오일파스텔의 종류가 있다. 도화지에 직접 칠하거나 사포 등에 문질러서 가루를 내어 손이나 솜, 휴지 등으로 문질러서 표현할 수 있다. 색감이 부드러워 포근하고 편안한 느낌을 주며 영유아가 쉽게 사용할 수 있는 자료이다. 완성 후에는 정착액을 분사해 묻어나는 것을 방지한다.
- 분필은 시간이 지나고 비가 오면 그림이 사라지는 특성을 이용해 야외에서 차가 다니지 않는 곳의 아스팔트, 시멘트 등의 보도 바닥에 그림을 그릴 수 있다. 야외 그림은 사진을 찍어서 작품을 보존하도록 한다. 실내에서 그림을 그릴 때에는 사포나 표면이 조금 거친 종이, 색이 짙은 도화지가 발색에 좋으며 분필을 식초물에 적셔서 사용하면 또 다른 질감을 낼 수 있다. 역시 완성 후에는 파스텔처럼 정착액을 분사해 묻어나는 것을 방지한다.

• 그 외 사인펜 · 색연필, 매직, 파스넷, 목탄 등을 준비해 두어 각 재료 다루는 법이나 사용 시 유의점(사용 후 뚜껑 닫기, 옷에 그리지 않기 등)을 알려 준다.

2) 물감 재료

• 수채화 물감은 색이 맑고 경쾌한 느낌이 나며 투명한 성질 때문에 번지기, 불기, 데칼코마니 외 배수성의 원리를 이용한 활동 시 사용하면 좋다.

• 포스터 물감은 불투명한 수성물감으로 수채화 물감과 달리 색이 선명하고 크림 상태로 되어 있어서 포스터 같은 불투명그림이나 찍기 등 판화작업에 사용하기 적당하다. 기본색인 빨강, 노랑, 파랑에 흰색과 검정을 준비해서 필요에 따라 혼색해서 사용할 수 있다.

• 아크릴 물감은 내수성과 내후성, 속건성의 성질이 있으며 물을 많이 섞으면 수채화 물감의 효과를, 원액 그대로 쓰면 유화 물감처럼 두꺼운 질감을 나타낼 수 있다. 빨리 굳는 속건성의 성질 때문에 철 파렛트 등에 짤아서 사용하기보다 종이 포일이나 알루미늄포일 등에 짜서 사용하며 붓은 굳기 전에 물에 담구면서 사용하도록 한다. 만약 붓이나 파렛트에 물감이 굳으면 리무버(remover)로 녹일

수 있으며, 접착성이 강하여 유리, 나무, 천, 비닐류 등 사용범위가 넓다.

- 마블링 물감은 기름성분의 물감으로 물위에 떨어뜨려서 입으로 불거나 막대나 빗으로 저어 무늬를 만들고 종이로 찍어내는 물감이다. 마블이란 물과 기름이 섞이지 않는 성질을 이용한 것으로 우연의 효과를 살려 작품을 제작하는 기법이다. 우연이 생긴 동적인 무늬를 찍어 봄으로써 무늬의 아름다움을 발견할 수 있고 매번 찍을 때 마다모양이 달라 상상력을 키워주기에 좋다. 마블링 물감을 제거할 때에는 신문지를 덮고 닦아서 제거하며 옷에 묻지 않도록 유의한다.
- 이 외에도 스테인드글라스, 글라스데코 · 우드락, 염색물감 등이 있으며, 활동에 따라 다양한 물감의 경험을 제공할 수 있다.

3) 풀, 접착제

- 풀에는 물풀 · 고체풀 · 녹말풀 · 밀가루풀 등 다양한 종류의 풀이 있으며, 녹말풀 · 밀가루풀 등은 물감이나 색소를 섞어 핑거페인팅하거나 약병에 담아 흘리기, 뿌리기 등의 활동에 사용할 수 있다.
  물풀은 물감을 섞어 그리기도 하며 사용 후에는 풀 뚜껑을 잘 닫도록 지도한다.
- 접착제에는 스티로폼용 · 공예용 본드, 테이프에는 셀로판 · 양면 · 종이테이프, 그리고 스프레이식 접착제, 글루건 등이 있다. 사용하는 재료에 따라 다르게 활용하며 접착제를 사용할 때는 교사지도에 따라 안전하게 사용하도록 유도한다.

4) 점토

점토는 만지는 대로 반응이 나타나므로 영유아들이 좋아한다. 또한, 긴장을 해소시켜 주며, 입체감과 상상력을 길러 주고 대 · 소근육을 발달시켜 주는 유용한 자료이다. 점토의 특성을 충분히 경험한 뒤 밀봉이나 플라스틱 칼, 여러 가지 찍기나 무늬 도구를 제공해 주도록 한다.

- 흙점토는 가장 자연적인 재료로 감각을 예민하게 하고 만지는 대로 반응이 나타나므로 영유아의 생각이나 감정을 구조화 또는 비구조화시키는 데 도움이 된다. 점토는 주무르고, 두드려 보고, 치는 등의 탐색하는 과정에서 공격적인 에너지가 분출될 수 있으며, 마음의 억압과 갈등을 해소시키는 데 도움이 된다. 물과 반죽하여 크림용으로 만들어 핑거페인팅하거나 흙물로 튕기며 발산놀이를 할 수 있다.
- 밀가루 점토는 식용재료로 촉감이 부드러워서 나이 어린 영유아에게도 적합하며, 다양한 색소나 물감, 향을 넣어 만들 수 있다. 밀가루 점토는 비닐봉지에 넣어 냉장고에 보관하면 여러 번 사용할 수 있다.
- 컬러 점토는 무독성인 인조 점토로서 가볍고 접착력이 좋으며 혼색이 자유롭다. 또한, 색깔이 선명하고 손에 잘 묻지 않아서 흙 점토에 거부감이 있는 영유아라도 거부감이 없으며, 시각적인 자극과 호기심을 자극시키기에 매우 좋다.
- 지점토는 흙 점토와 같은 속성을 지니고 있는 종이 점토로 접착력이 좋고 마른 후에 부서짐이 없어서 보관이 용이한 재료이다. 건조 후 원하는 색깔로 채색이 가능하며 투명래커나 바니쉬를 칠하면 색깔이 더 선명해지고 내수성이 생겨 장기간 보관이 가능하다. 흰색 지점토, 초벌구이한듯 채색이 필요없는 데코레이션 지점토 등이 있다.
- 이 외에도 가면 만들기 등에 많이 활용하는 종이죽, 밀랍과 전분, 오일 성분이 함유되어 굳지 않고 재사용이 가능한 유토 등이 있다.

5) 종이 재료

종이는 질감, 크기, 색상이 다양한 자료이므로, 영유아의 연령 · 활동의 종류에 따라 다양하게 제공되어야 한다. 종이의 종류로는 켄트지, 한지, 색지, 골판지, 하드보드지, 크라프트지, 신문지, 모조지, 포장지, 마분지, 아트지, 목탄지, 소포지 등 다양하다. 그리기 종이로 흰색 켄트지만 제공하지 말고 활동 재료나 기법에 따라 다양한 종류의 종이를 경험하게 하며, 물감용으로는 흡수성이 뛰어나며 쉽게 찢어지지 않는 종이가 좋다.

6) 콜라주 자료

콜라주에는 여러 가지 다양한 재료가 사용된다. 교사는 수집된 자료를 영유아가 사용하기에 편리하도록 적정 용기에 분류하여 놓은 후 사진이나 재료명을 붙여둔다.

• **인공물** – 생활 주변에서 찾아 볼 수 있는 재료는 매우 다양하다. 표현의 주제나 영유아의 성향, 재료의 선호도에 따라 다양하게 선택되어져야 하며 각 재료가 가지는 물리적이고 심리적인 속성을 교사는 잘 이해하고 있어야 한다.

> 각종 단추, 색상과 질감이 서로 다른 천조각, 각종 빈 용기, 벽지, 잡지, 신문지, 아세테이트지, 골판지, 한지, 종이, 포장지, 각종 봉투, 색상 · 질감 · 두께가 서로 다른 각종 종이류, 휴지, 휴지속대, 모루, 우유갑, 각종 상자, 성냥개비, 각종 병뚜껑, 알루미늄 캔 손잡이, 고무호스, 노끈, 지끈, 빨래집게, 알루미늄 포일, 각종 실, 솜, 스티로폼, 부직포, 달걀판, 빨대, 각종 리본, 스팽글, 뽕뽕이, 와이어, 비닐, 종이접시, 스펀지, 나무젓가락, 그물, 바닥용 장식재(타일, 모노륨) 등이 있다.

• **자연물** – 여러 연구에 의하면 나무나 숲이 많이 보이는 집에 살거나 자연물을 많이 접해 본 아이들은 그렇지 않은 아동에 비해 스트레스를 덜 받으며 불행에 잘 대처한다는 연구결과가 있다. 풀잎, 나뭇잎을 빻으며 소꿉놀이하고 모래와 물을 반죽해 성을 쌓는 등 자연과 벗하며 소담스런 추억이 많은 사람의 정서는 풍요롭기에 상처를 극복하는 힘이 강하다. 나무토막 하나가 자동차가 되고 비행기가 되는 등의 놀이를 통해 상상력이 길러지며, 다양한 자연물을 미술놀이에 활용함으로써 자연과 동화되는 경험과 창의성발달, 자아정체성을 확립할 수 있다.

> 나뭇가지, 나뭇조각, 나무껍질, 나뭇잎, 조약돌, 조개껍데기, 달걀껍데기, 각종 씨앗, 지푸라기, 말린 꽃, 도토리, 솔방울, 모래 등이 있다.

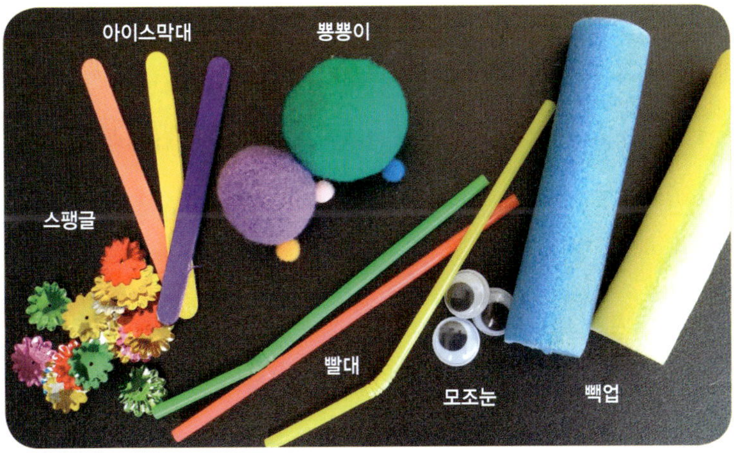

일상용품

자연물

콜라주용 자료는 촉감을 자극하고 창의성을 발달시킬 수 있는 좋은 재료가 되기 때문에 영유아가 자신감을 갖고 즐겁게 작업하도록 계획을 세워 다양한 경험의 기회를 제공한다.

7) 채색 도구

- 물감 칠하기에 사용되는 붓은 수채화용, 구성용, 아크릴용, 한국화용 등이 있으나 영유아가 보편적으로 사용하기 적당한 붓은 수채화용이다. 배경 작업이나 넓은 면적을 칠할때에는 빽붓이 좋다. 사용 후에는 반드시 물로 깨끗이 씻어 붓털이 위로 가도록 세워서 보관한다.
- 시판되는 붓 외에 솔잎 등 자연물이나 면봉, 나무젓가락, 칫솔, 솜방망이 등으로 그림을 그려봄으로써 생활 속의 다양한 재료가 표현의 도구로 활용될 수 있음을 알고, 각 도구에 따라 다르게 표현되는 느낌을 경험할 수 있도록 한다.

8) 기타 도구

- 가위 – 영유아용 가위는 끝이 날카롭지 않고 뭉툭한 것이 안전하다. 가위 사용은 눈과 손의 협응력을 길러 주고, 소근육 발달이 이루어질 수 있다. 가위를 제공하기 전 바르게 가위 잡는 방법을 시범 보여 준 후, 직선에서 곡선으로 선 따라 오리기, 점토 자르기, 빨대 자르기 등의 충분한 연습을 한다. 또한, 가위를 건네는 방

법이나 사용시 주의할 점 등 안전하게 사용할 수 있도록 반드시 이야기해 준다.

- **롤러** – 판화용 롤러나 굴리며 놀이할 수 있는 다양한 무늬의 롤러가 있다. 힘주기, 방향, 물감의 양 조절 등 롤러의 올바른 사용방법을 설명해 준다.
- **펀칭기** – 펀칭기의 용도와 사용법 등에 대해 이야기해 준다. 구멍을 뚫은 후 나오는 종이는접시나 상자에 모아서 콜라주나 다른 작업에 활용할 수 있다.
- **기타** – 그 외 고무재질로 된 EVA(우레탄), 부직포, 부직포보다 질감이 부드러운 펠트지, 각종 끈류, 우드락, 폼보드, 마스킹액, 핸디코트, 열선 컷터기 등이 있다.

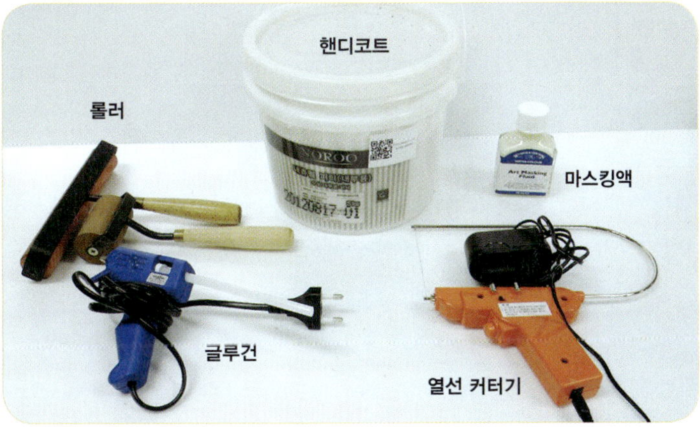

2부

영유아 미술의 실제

영아를 위한 미술지도

01

밀가루로 놀아요

◆ **활동목표**

❶ 밀가루의 특성에 대해 안다.

❷ 밀가루를 오감으로 탐색하며 놀이함으로써 신체발달이 촉진된다.

◆ **활동자료**

여벌 옷(미술 가운, 흰옷), 비닐 등 바닥 깔개, 모래놀이 도구, 물걸레, 물감

◆ **활동방법**

❶ 밀가루를 만져보며 탐색한다.

- 느낌이 어떠니?
- 어떤 소리가 나지?
- 무슨 색이지?
- 냄새는?

❷ 모래놀이 도구, 숟가락 등을 제시하여 놀이한다.

③ 밀가루의 일부를 물과 물감을 섞어 반죽하여 놀이한다. (색소나 물감 섞기 가능)

- 밀가루로 무엇을 만들어 볼까?
- 어떤 요리를 할까?

④ 손을 씻고 정리 후 마무리한다.

◆ **기타 및 유의점**

① 오늘 활동한 재료의 이름은 무엇인가요?

② 밀가루를 만져본 느낌이 어땠나요?

② 밀가루를 먹지 않도록 유의한다.

02

손, 발을 찍어보아요

◆ **활동목표**

❶ 손바닥과 발의 모양에 관심을 가진다.

❷ 신체에서 표현되는 느낌과 선의 특징을 경험한다.

◆ **활동자료**

놀이옷(미술가운), 비닐 등 바닥 깔개, 모조전지, 물걸레, 물감

◆ **활동방법**

❶ 손등과 손바닥, 발을 관찰하며 특성과 차이를 느껴본다.

- 손등과 손바닥의 다른 점은?

❷ 교사와 친구들끼리 손바닥을 마주 대어보며 길이를 비교한다.

- 누구 손이 가장 큰가(짧은가)?

❸ 손바닥, 주먹모양 등 다양한 손의 모양과 발에 물감을 묻혀서 찍어본다.

- 무슨 색으로 찍어볼까?
- 손을 찍기 하니 OO손의 모양대로 찍혀 나오네.

- ○○가 찍기한 손바닥 모양은 무엇처럼 보이니?
- ○○의 손은 노란색으로 종이에 찍혔구나.
- 손바닥을 서로 마주하여 찍으면 어떤 모양이 될까?

❹ 손과 발을 씻고 정리 후 마무리한다.

◆ **기타 및 유의점**

❶ 찍혀진 손과 발의 형태와 색, 크기 등을 감상하며 같은 점과 차이점에 대해 이야기 나눈다.

❷ 물감이 마른 후 오려서 각각 모빌하여 전시하거나 찍기한 손, 발을 모아서 협동 작업으로 물고기의 비늘, 트리 등으로 꾸미기 할 수 있다.

❸ 찍기한 손, 발을 보고 연상되는 이미지를 그릴 수 있다.

03

라이스페이퍼에도 그릴 수 있어요

◆ **활동목표**

❶ 라이스페이퍼에 그림 그릴 수 있음을 안다.

❷ 라이스페이퍼를 물에 담구었을 때 변화를 경험하고 촉감놀이를 즐긴다.

◆ **활동자료**

라이스페이퍼, 대야나 트레이, 사인펜, 색연필, 매직

◆ **활동방법**

❶ 라이스페이퍼를 탐색한다.

- 무엇일까? 어디서 본 적 있니?
- 무슨 색이지? 얼굴에 대어보자. 무엇이 보이니?

❷ 라이스페이퍼에 사인펜과 색연필, 매직을 차례대로 제시해 끄적여 본다.

- 각각의 느낌과 차이점은?

❸ 물에 담구어 변화를 관찰한다.

- 사인펜(색연필, 매직)으로 그린 그림은 어떻게 되었지?

❹ 주물주물 촉감놀이를 즐긴다.

- 주~욱 당겨보자. 어떻게 변했니?

◆ **기타 및 유의점**

❶ 물의 온도를 다르게 하여 라이스페이퍼를 담구어 보고 차이를 경험해 볼 수 있다.

❷ 라이스페이퍼를 미지근한 물에 담구었다가 바로 빼서 창문이나 도화지에 붙여 전시할 수 있다.

❸ 그림을 그리지 않은 라이스페이퍼를 찢거나 잘라 미지근한 물에 담궜다 빼서 얼굴, 손등, 팔 등 신체부위에 올려 팩을 해볼 수 있다.

04

몰캉몰캉 두부놀이해요

◆ **활동목표**

❶ 콩의 물리적 변화를 안다.

❷ 두부를 탐색하며 촉감놀이를 즐긴다.

◆ **활동자료**

두부, 바닥 깔개, 색소나 물감, 접시, 일회용 숟가락, 모양 찍기틀 등

◆ **활동방법**

❶ 영아는 손을 씻고 앉아 개인 접시에 담긴 두부를 탐색한다.

- 무엇일까?
- 어떤 모양이지?
- 무슨 색이지?
- 이것은 무엇으로 만든 것일까?
- 냄새를 맡아보자. 어떤 냄새가 나니?
- 조금 떼어 먹어볼까? 맛은 어떠니?

- 두부를 만져보자. 느낌이 어때?

❷ 여러 가지 찍기 모양틀로 찍어본다.

- ○○는 세모 모양으로 찍기하였구나!
- 이번엔 무슨 모양으로 찍어볼까?

❸ 바닥 깔개 위에 두부를 뭉개며 촉감놀이 후 색소나 물감을 섞어본다.

- 어떤 색으로 변했지?
- 노랑색 두부에 빨강색을 섞으면 어떤 색이 될까?

❹ 색깔 두부로 모양 만들기를 해본다.

- 조물조물 주무른 이 두부로 무엇을 만들어 볼까?
- ○○는 둥글게 빚어 납작하게 눌렀구나! 납작한 이 모양은 무엇일까?

◆ **기타 및 유의점**

❶ 색소나 물감을 섞은 두부는 먹지 않도록 주의시킨다.

❷ 으깬 두부를 숟가락으로 컵에 담아 엎어서 빼보거나 빨대 등을 꽂아보며 놀이 할 수 있다.

05

알록달록 오아시스
조형놀이

◆ **활동목표**

❶ 오아시스의 재료적 특성을 경험한다.

❷ 물감으로 물드는 면봉색의 변화를 감상한다.

❸ 면봉을 오아시스에 자유롭게 꽂아봄으로써 창작을 경험하고 신체발달을 돕는다.

◆ **활동자료**

오아시스, 면봉, 물감, 접시

◆ **활동방법**

❶ 건 오아시스와 물에 적신 오아시스의 일부분을 조금씩 만져보아 특성을 비교하며 탐색한다.

- 어떤 차이가 있을까?

❷ 면봉을 탐색한다.

- 어디에 사용하는 것일까?
- 면봉을 손에 문질러보자. 촉감이 어떠니?

❸ 물감 푼 접시에 면봉을 담구어 변한 색을 관찰한다.

- 하얀 면봉이 어떤 색으로 변했지?

❹ 염색한 면봉을 물에 적신 오아시스에 자유롭게 꽂아보며 조형놀이해 본다.

◆ **기타 및 유의점**

❶ 오아시스 대신 점토를 여러 형태로 빚어 이용할 수 있다.

❷ 면봉 외에 나무젓가락, 아이스막대, 빨대 등으로 꾸며볼 수 있다.

06

꾹~ 꾹~ 눌러봐!
옥수수알갱이와 찰흙놀이

◆ **활동목표**

❶ 미술놀이 재료의 다양함을 안다.

❷ 찰흙놀이를 통해 물리적 힘을 가했을 때의 변화를 경험하며 특성을 안다.

❸ 옥수수알갱이의 촉감을 경험한다.

◆ **활동자료**

옥수수알갱이, 찰흙, 찰흙밀대

◆ **활동방법**

❶ 옥수수알갱이를 탐색한다.

- 이것은 무엇일까?

❷ 손가락으로 누르기, 손으로 뜯어보기, 둥글게 빚기 등 찰흙을 자유롭게 탐색한다.

- ○○는 손바닥으로 꾹 꾹 누르고 있구나.
- ○○는 가늘게 말아보고 있구나.
- 촉감이 어떠니?

❸ 밀대로 밀어본다.

- 찰흙이 어떻게 변했지?

❹ 옥수수 알갱이를 찰흙에 자유롭게 꽂아보며 조형놀이해 본다.

- ○○는 무엇을 표현했을까?
- 힘든 점은 없었니?

◆ **기타 및 유의점**

❶ 옥수수알갱이가 입이나 귀, 콧구멍 등에 들어가지 않도록 주의한다.

❷ 깨끗이 씻어 말린 옥수수 껍질로 탐색놀이할 수 있다.

❸ 옥수수 외 해바라기 씨나 결명자 등의 곡물로 대체해 놀이할 수 있다.

07

하이얀 쌀튀밥으로 놀아요

◆ **활동목표**

❶ 미술놀이 재료의 다양함을 안다.

❷ 쌀튀밥의 질감을 경험한다.

◆ **활동자료**

쌀튀밥, 밀가루 풀, 색지, 바닥 깔개, 소꿉놀이 도구, 그릇

◆ **활동방법**

❶ 영아는 손을 씻고 앉는다.

❷ 개인그릇에 담긴 쌀튀밥을 탐색한다.

- 무엇일까?
- 무슨 색이지?
- 이것은 무엇으로 만든 것일까?
- 먹어볼까? 맛은 어떠니?
- 쌀튀밥을 만져보자. 느낌이 어때?

❸ 쌀튀밥과 소꿉놀이 도구로 모양만들기, 그릇에 담았다가 쏟기 등 자유롭게 놀이한다.

❹ 되직한 밀가루풀과 쌀튀밥을 섞어보며 모양을 만들어 본다.

- 밀가루 풀과 쌀튀밥이 만나니 어떻게 되었지?
- ○○는 가래떡처럼 길게 모양을 만들었구나.

◆ **기타 및 유의점**

❶ 쌀튀밥이 귀, 콧구멍 등에 들어가지 않도록 주의한다.

❷ 쌀튀밥을 식용색소 가루나 파스텔 가루와 혼합하여 색깔 쌀튀밥을 만들어볼 수 있다.

08

맛있는 식빵 얼굴

◆ **활동목표**

❶ 먹을 수 있는 식빵으로 표현놀이해 봄으로써 즐거움을 누린다.

❷ 식빵과 여러 가지 식재료로 사람이나 동물의 얼굴을 표현할 수 있다.

◆ **활동자료**

식빵, 과자, 야채류

◆ **활동방법**

❶ 영아는 손을 씻고 앉는다.

❷ 식빵을 맛보기, 냄새맡기, 찢어보기, 뭉쳐보기 등 자유롭게 탐색한다.

- ○○는 조금씩 떼어내어 접시에 담고 있구나.

❸ 식빵과 과자, 야채류로 얼굴을 표현해 본다.

- 누구의 얼굴을 표현해 볼까?
- ○○는 식빵 껍질로 머리카락을 표현했구나.

◆ **기타 및 유의점**

❶ 땅콩버터나 조청을 이용해 붙여볼 수 있다.

❷ 영아가 기본 도형을 이용해 스스로 표현할 수 있도록 한다.

09

미끌 미끌 미역놀이

◆ **활동목표**

❶ 해조류의 종류 및 생태에 대해 안다.

❷ 미역놀이하며 감각 통합을 돕는다.

❸ 건미역과 물에 넣었을 때의 변화를 안다.

◆ **활동자료**

놀이옷, 사진이나 책 등 해조류 자료, 미역, 볼, 접시

◆ **활동방법**

❶ 자료를 보며 김, 미역, 다시마 등 해조류의 종류에 대해 이야기 나눈다.

- 친구들은 어떤 해조류를 좋아하나요?
- 무슨 색이지?

❷ 마른 미역을 탐색한다.

- 만져보자. 느낌이 어떠니?
- 무슨 색이지?

③ 미역을 물에 넣어 변화를 관찰한다.

- 마른 미역이 물에 들어가니 어떻게 되었지?
- 어떤 냄새가 나니?
- 만져보자. 마른미역과 어떤 차이가 있니?
- 물에서 건져 접시에 담아보자.

④ 미역으로 상상하여 꾸미기 한다.

⑤ 자신이 표현한 작품에 대해 소개한다.

◆ **기타 및 유의점**

① 미역을 먹거나 미역 만진 손으로 눈을 비비지 않도록 유의한다.

② 실외나 교실에 끈을 매달아 물에 젖은 미역을 다시 말리며 변화 과정을 관찰할 수 있다.

10

콕! 콕!
신나게 찍어요

◆ **활동목표**

❶ 도화지 위에 찍힌 사물의 모양과 색깔에 관심을 가진다.

❷ 사물마다 서로 다른 무늬가 있음을 안다.

❸ 신나게 찍어봄으로써 긴장을 이완하고 스트레스를 해소한다.

◆ **활동자료**

놀이옷, 도화지, 물감과 접시, 물수건, 찍을 수 있는 물건(휴지나 볼펜 속대, 풀뚜껑, 백업, 모루도장, 페트병 등)

◆ **활동방법**

❶ 주변에서 찍기가 가능한 물건들은 무엇이 있을지 찾아본다.

- 교실에서 찍을 수 있는 재료에는 무엇이 있는지 찾아보자.

❷ 재료별로 구분되어 제시된 자료를 만져보며 탐색한다.

- 무엇일까?
- 어떤 모양이지?

③ 변형이 가능한 휴지속대는 영아가 다른 모양으로 변형을 해 본다.

- ○○의 휴지속대는 구름모양이 되었네.

④ 물감으로 찍기한다.

- ○○는 풀뚜껑으로 파란색을 찍었구나.
- ○○의 도화지에는 큰(작은) 동그라미가 생겼네.

⑤ 찍기한 재료의 이름과 모양에 대해 서로 이야기 나눈다.

- ○○는 풀뚜껑으로 파란색을 찍었구나.

◆ **기타 및 유의점**

① 영아 인원수보다 넉넉히 재료를 준비한다.

② 찍기 재료는 탐색의 시간을 충분히 가진다.

③ 너무 많은 종류의 찍기 재료를 한꺼번에 제시하면 영아가 혼란스러워할 수 있으므로 발달에 따라 재료를 제한하고 익숙해지면 하나씩 추가하여 활동한다.

④ 물감은 플라스틱 접시에 펠트나 얇은 스펀지 패드를 깔아서 준비하면 물감의 농도 조절에 용이하다.

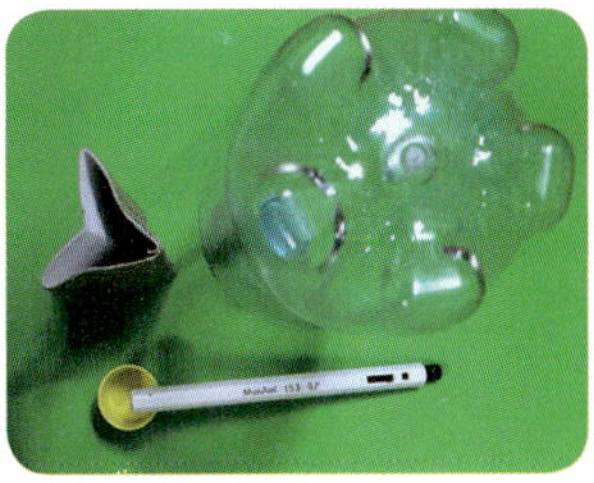

11

새콤~ 달콤~ 귤 놀이

◆ **활동목표**

❶ 귤의 생태에 대해 안다.

❷ 귤의 모양과 맛, 촉감에 대해 안다.

◆ **활동자료**

놀이옷, 귤, 바닥 깔개용 비닐

◆ **활동방법**

❶ 영아는 손을 씻고 앉는다.

❷ 귤에 대해 이야기 나눈다.

- 이름이 뭘까?
- 어떤 모양이지?
- 먹어본 적 있니?
- 무슨 색이지?

③ 귤을 탐색한다.

- 만져보자. 느낌이 어떠니?
- 냄새를 맡아보자.
- 귤의 껍질을 까보자. 어떻게 하면 잘 까질까?
- 귤껍질은 따로 모으도록 하자.
- 촉감은 어때?
- 귤의 겉모양과 속모양은 어떤 점이 다르니?
- 맛을 보자. 어떤 맛이니?
- 귤을 손(손가락)으로 눌러보자. 어떻게 되었니?

④ 손을 씻고 마무리한다.

- 어떤 점이 재미있었니?

◆ **기타 및 유의점**

① 귤은 깨끗이 씻어서 제공한다.

② 귤껍질은 모아서 잘라보고 콜라주해 본다.

③ 껍질 깐 귤을 지퍼백에 넣어 손바닥으로 눌러 터트려서 즙만 나오도록 체에 걸러 주스를 만들어 볼 수 있다.

④ 면봉에 귤즙을 묻혀 도화지에 그림을 그린 후 말려서 다림질하여 비밀 그림을 그려볼 수 있다.

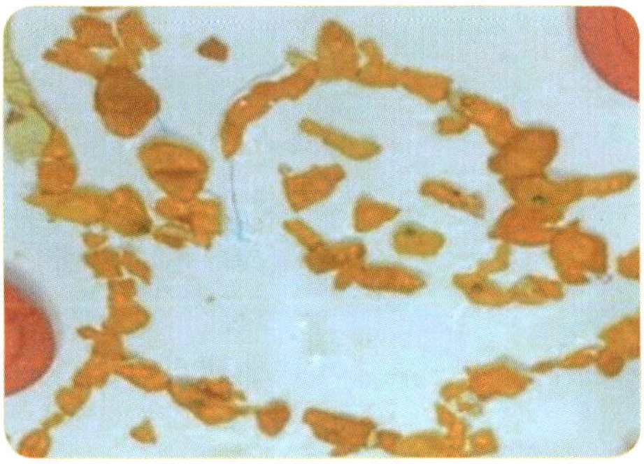

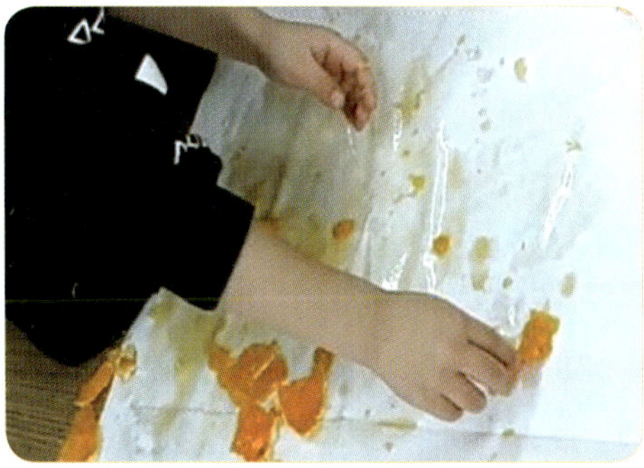

12

숲으로 나들이 가요

◆ **활동목표**

❶ 숲속 자연의 아름다움을 감상한다.

❷ 자연의 소리에 귀 기울이고 언어로 표현할 수 있다.

◆ **활동자료**

비상약, 사진기와 녹음기

◆ **활동방법**

❶ 숲을 산책하면서 계절별 꽃과 나무, 곤충을 관찰하며 자연의 아름다움에 대해 느껴본다.

- 숲에 오니 기분이 어떠니? 숲에서 나는 냄새를 맡아보자.
- 이 꽃은 무슨 색이니?

❷ 숲에서 나는 새소리, 바람 소리, 나뭇잎이 서로 부딪치는 소리 등을 들어보고 소리를 언어와 신체로 표현해 본다.

- ○○는 나뭇잎을 팔랑 팔랑 흔들어 보는구나. 나뭇잎은 어떻게 생겼니?

- 바람소리를 말로 표현해 볼까?
- 바람소리가 모양이 있다면 어떤 모양으로 나타낼 수 있을까? 신체로 표현해 보자.

❸ 숲속에서 영아가 흥미로워하는 모습이나 관심을 가지는 자연의 모습, 소리 등을 사진이나 녹음기로 남겨본다.

- ○○는 어떤 것을 사진으로 찍어보고 싶니?
- ○○는 새소리를 녹음하고 싶어 하는구나?

◆ **기타 및 유의점**

❶ 숲속을 다닐 때 안전에 유의한다.

❷ 숲속에서 찍은 사진이나 녹음을 교실로 들어와서 회상해 보며 이야기를 나누거니 그림으로 표현해 볼 수 있다.

13

색얼음으로 그려 보아요

◆ **활동목표**

❶ 특정 온도에 따라 달라지는 물과 얼음의 물리적 변화에 대해 안다.

❷ 색깔 얼음을 만들어 자유롭게 탐색하며 표현해 볼 수 있다.

◆ **활동자료**

놀이옷, 도화지, 물과 얼음, 수박, 시금치나 당근즙 등의 색얼음(종이컵이나 우유팩에 아이스막대 꽂아 얼리기), 바닥 깔개용 비닐

◆ **활동방법**

❶ 물이 변하여 얼음이 됨을 안다.

- 어떻게 하면 얼음이 될까?

❷ 얼음을 탐색한다.

- 얼음을 만져보자. 느낌이 어때?
- ○○는 얼음이 미끌거리며 차갑다고 느끼는구나!

❸ 색얼음으로 그림을 그려본다.

- 무슨 색이지?
- 냄새를 맡아보자. 무엇을 얼린 것일까?
- ○○는 세모 모양을 그렸구나.
- ○○ 그림은 주황색과 빨간색이 섞여서 귤색이 되었구나.

❹ 손을 씻고 마무리한다.

- 어떤 점이 재미있었니?

◆ **기타 및 유의점**

❶ 사인펜으로 먼저 그림을 그린 뒤 얼음으로 그려서 번짐을 관찰할 수 있다.

❷ 천연 즙 대신 식용색소나 물감을 얼려 그릴 수 있다.

❸ 날이 더운 날은 실외에서 활동할 수 있다.

14

템페라 물감을 만들어 그려요

◆ **활동목표**

❶ 템페라 물감에 사용되는 재료에 대해 안다.

❷ 달걀 노른자로 물감을 만들어보며 재료에 대한 유연성을 기른다.

◆ **활동자료**

달걀, 켄트지, 접시, 붓이나 면봉

◆ **활동방법**

❶ 템페라 물감에 대해 이야기 나눈다.

- 템페라 물감이라고 들어보았니?
- 옛날 사람들은 무엇으로 그림을 그렸을까?

❷ 달걀노른자와 흰자를 분리하여 노른자에 물감을 섞는다.

- 달걀노른자와 물감을 섞으면 어떻게 될까?

❸ 달걀노른자 물감을 탐색한다.

- 어떤 냄새가 나니?

- 만져보자. 느낌이 어때?
- ○○는 진득진득하다고 느끼는구나.

④ 자유롭게 표현해 본다.

- 일반 물감과 어떤 차이가 있니?

◆ **기타 및 유의점**

① 노른자 물감에 식용유를 소량 섞어 만들어볼 수 있다.

② 달걀흰자를 거품기로 거품을 내어 촉감놀이를 즐길 수 있다.

③ 달걀흰자 거품에 물감을 섞어 그림을 그려 노른자 물감과 차이를 경험할 수 있다.

④ 노른자 물감으로 그림을 그린 후 마르기 전 반짝이 가루나 색모래를 뿌려 접착력을 경험할 수 있다.

유아를 위한 미술지도

- 재료와 기법 중심으로-

01

크레파스와 물감활동

1 크레파스 그림

유아들에게 가장 많이 사용되고 친숙한 재료는 크레용이나 크레파스이다. 안료에 파라핀과 왁스 등을 넣은 크레파스나 크레용은 활동에 따라 다르게 제시해 준다.

난화기 시기의 영아들은 빨강, 노랑, 파랑, 초록, 검정 등 비교적 강한 색상의 크레파스를 선호하며 그림을 그려갈수록 중간색이 혼합된 크레파스를 제공해 주는 것이 좋다. 흔히 크레파스는 색칠하기에 있어서 팔이 아플 정도로 빽빽하게 공간을 메꾸기 위한 방법으로 활용될 수 있으나 이러한 사용법을 다양한 표현방법과 색채의 활용을 막는 결과를 가져올 수 있다. 다양한 방법으로 크레파스를 탐색하고 실험할 수 있도록 지도해 주는 것이 좋겠다.

(1) 크레파스 활동의 기본 재료

크레파스, 다양한 재질의 종이류, 나무, 돌, 천 등

(2) 크레파스 활동의 탐색유형

❶ 껍질이 벗겨진 길고 짧은 크레파스를 눕혀서 그리기

② 껍질이 벗겨진 길고 짧은 크레파스를 눕혀서 회전시키기

③ 크레파스를 2~3개 묶어서 동시에 그리거나 칠하기

④ 반복되는 선이나 도형 · 기호, 패턴으로 그리기

⑤ 짧은 선을 사용하여 엷게, 진하게, 힘 조절하여 칠하기

⑥ 크레파스를 촛불이나 다리미로 녹이기

⑦ 크레파스를 겹쳐서 칠한 다음 뾰족한 도구로 긁어내기

⑧ 크레파스 그림 위에 손가락이나 솜, 휴지 등으로 문지르기

2 물감 그림

(1) 물감의 종류

❶ 포스터 물감

불투명한 수성물감으로 수채화 물감과 달리 색이 선명하고 크림상태로 되어 있어서 찍기활동이 많은 유아들이 사용하기에 적절한 재료이다. 기본색인 빨강, 노랑, 파랑에 흰색과 검정을 준비해서 필요에 따라 혼색해서 사용할 수 있다.

② 수채물감

크림상태가 아니라 묽고 잘 흘러 내려서 농도 조절하기가 쉽지 않아 포스터 물감을 먼저 사용 후에 제공해 주는 것이 좋으며 맑고 투명한 성질 때문에 배수성의 원리를 이용한 활동 시 사용하면 좋다.

③ 아크릴 물감

내수성과 내후성, 속건성의 성질이 있으며 물을 많이 섞으면 수채화 물감의 효과를, 원액 그대로 쓰면 유화물감처럼 두꺼운 질감을 나타낼 수 있다.

(2) 도화지

도화지란 그림을 그리는 데 쓰는 종이로 켄트지, 와트만지, 화선지, 색지 등을 통틀어 일컫는 말이다.

❶ 크기

보통 유아가 사용하는 도화지의 크기는 8절 정도이나 활동주제나 기질에 따라 도화지 크기의 변화를 주며, 때로는 팔을 크게 움직일 수 있는 전지 정도의 크기를 제공해 주어 마음껏 표현놀이를 즐기도록 한다.

❷ 종류

켄트지, 모조지, 달력종이 뒷면, 천, 과자상자, 폐상자, 아세테이트지, 크라프트지, 벽지 등

(3) 붓

❶ 크기

현장에서 많이 사용하는 붓으로 물감의 종류에 따라 수채화용, 구성용, 아크릴용 붓이 있다. 그중 유아가 주로 사용하는 붓은 수채화용 붓으로 손잡이가 나무로 된 25cm 정도의 길이에 2~4세는 8호~12호, 4세 이상의 유아는 활동에 따라 8호~14호 정도가 적당하며, 배경작업 등 넓은 면적은 16호나 빽붓이 좋다. 붓은 항상 깨끗이 씻어서 붓털이 위로 가도록 보관한다.

❷ 붓 외에 사용할 수 있는 재료

이 외에 사용되는 용구는 칫솔, 구두 닦기 솔, 나뭇가지, 구긴 종이, 헝겊이나 솜방망이, 장갑, 면봉, 빗자루, 깃털, 주걱, 끈이나 실, 포크와 강아지 풀, 무청, 솔잎과 같은 자연물 등으로 그릴 수 있다.

1) 크레파스 탐색

◆ **활동목표**

❶ 크레파스의 다양한 사용법과 표현방법을 안다.

❷ 모든 사물의 기본인 점과 선으로 이루어진 형태를 찾아보고 그리면서, 다양한 표현방법에 대해 안다.

◆ **활동자료**

도화지, 크레파스

◆ **활동과정**

❶ 좋아하는 색의 크레파스를 이용해서 도화지 위에 다양하게 탐색, 표현해 본다.

❷ 표현방법

▸ 점 찍기

- 마음대로 신 나게 찍기
- 위에서 아래로 위로 찍기
- 오른쪽에서 왼쪽으로, 왼쪽에서 오른쪽으로 찍기
- 여러 가지 모양으로 찍기

▸ 선 긋기

- 가로, 세로 선 긋기
- 사선, 원 그리기
- 부드러운 선, 지그재그선, 그물선 등 여러 가지 모양으로 선긋기

▸ 기타

- 종이가 벗겨진 크레파스를 이용해 눕혀서 그리기
- 크레파스 2~3개 고무줄로 단단히 묶어 그리기: 크레파스로 다양한 크기의 점을 그려 휴지로 문지르기 등의 방법으로 다양하게 표현하며 탐색한다.

◆ **유의점 및 확장활동**

❶ 유아의 연령이나 특성에 따라 도화지 크기를 조절한다.

❷ 음악을 틀어 놓고 음의 고저, 장단, 리듬을 타며, 그 느낌에 맞추어 표현할 수 있다.

고리선으로 그리기

2개 잡고 그리기

눕혀서 그리기

기호나 도형으로 그리기

2) 크레파스 스텐실

스텐실

판에 글자나 무늬, 그림 등의 모양을 오려 낸 후 오려 낸 구멍에 물감을 넣어 찍어내는 기법

◆ **활동목표**

구멍 난 종이에 크레파스를 칠했을 때와 손으로 문질렀을 때의 표현 차이를 안다.

◆ **활동자료**

도화지, 크레파스, 신문지 등 책상깔개, 스텐실 본(잘 찢어지지 않는 흰색의 마분지에 형태를 그려 칼이나 가위로 잘라서 제시한다)

◆ **활동과정**

❶ 신문지 위에 스텐실 종이를 놓고 오려 낸 부분 주위에 크레파스를 진하게 칠한다.

❷ 색칠한 스텐실 본 종이를 옮겨 낼 도화지 위에 올려놓고 종이 테이프로 고정시킨다.

❸ 손가락이나 휴지, 솜 등을 이용해 색칠한 종이의 크레파스 부분을 아래의 도화지 방향으로 가볍게 밀어 전사시킨다.

❹ 스텐실 본 종이를 떼어 낸다.

◆ **유의점 및 확장활동**

❶ 크레파스 대신 파스텔을 사용해도 된다.

❷ 형태 안의 모든 면을 크레파스로 다 채울 필요 없이 외곽선 주위만 작업하면 된다.

3) 알록달록 무지갯빛 그림

◆ **활동목표**

그리는 도구와 힘의 조절에 따라 나타나는 색의 변화를 경험한다.

◆ **활동자료**

도화지, 크레파스, 그리기 도구(볼펜, 연필, 자 등), 책상깔개

◆ **활동과정**

1. 도화지를 반으로 접었다가 펴서 한쪽 면에 칸을 나누어 알록달록 여러 색의 크레파스로 힘을 주어 색칠한다(이때 노랑이나 파스텔톤은 색이 희미하게 나와 가급적 쓰지 않고 검은색, 원색 등 짙은 색으로 색칠한다).
2. 반으로 접어서 볼펜이나 연필, 자 모서리 등으로 그림을 그리거나 색칠한다.
3. 펼친 후 나타나는 다양한 색의 선 그림을 감상한다.

◆ **유의점 및 확장활동**

1. 머리빗이나 플라스틱 모양 조각도로도 그려본다.
2. 도화지를 반으로 접어 대칭되는 다양한 형태로 변형시켜 본다.
3. 글씨를 쓸 때에는 알록달록 크레파스를 칠한 면의 뒷면에 써야 글씨가 거꾸로 나오지 않는다.

4) 투시그림

◆ **활동목표**

기름이 종이에 스며들어서 종이가 변하는 것을 관찰하고 종이에 기름이 묻으면 투시됨을 안다.

◆ **활동자료**

붓이나 솜뭉치, 크레파스, 흰 종이, 식용유나 베이비 오일류, 기름을 담은 용기, 신문지 등, 책상깔개

◆ **활동과정**

❶ 종이 위에 그림을 그린다.

❷ 그림이 완성되면 종이를 뒤집어서 솜뭉치나 붓으로 기름을 바른다(기름을 칠할 때마다 앞면의 크레파스 그림이 뒷면에 투시된다).

◆ **유의점 및 확장활동**

가능하면 복사용지 같은 얇은 종이를 사용하고 너무 두꺼운 종이는 사용하지 않도록 한다.

5) 크레파스 스크래치

◆ **활동목표**

겹쳐 칠한 크레파스를 긁어 표현해 봄으로써 나타나는 색의 변화를 즐긴다.

◆ **활동자료**

도화지, 크레파스, 다양한 긁기 도구(나무젓가락이나 꼬지, 둥근 하드막대, 다 쓴 볼펜심, 동전, 자, 빗 등), 신문지

◆ **활동과정**

❶ 도화지에 여러 가지 색깔의 크레파스를 나누어 색칠한다.

❷ 검은색 크레파스를 겹쳐서 칠한다.

❸ 긁을 수 있는 도구를 이용하여 다양한 방법으로 그리거나 긁어서 표현한다.

◆ **유의점 및 확장활동**

앞치마와 토시를 착용하고 크레파스 찌꺼기가 많이 생기므로 신문지를 깔아서 작업한다.

6) 크레파스 사포 전사

◆ **활동목표**

사포의 질감을 경험하고 열에 의한 크레파스의 변화를 체험하고 즐긴다.

◆ **활동자료**

크레파스, 도화지, 중간 정도 입자의 사포, 다리미, 신문지

◆ **활동과정**

❶ 사포 위에 그림을 그리고 힘을 주어 진하게 색칠한다.

❷ 사포 위에 도화지를 올린 후 신문지를 덮어서 강한 열로 다림질한다.

❸ 찍혀 나온 색이 희미하면 다시 한 번 색칠하여 다림질할 수 있다.

◆ **유의점 및 확장활동**

❶ 사용하는 크레파스의 색에 따라 찍기용 도화지색에 변화를 주는 것이 좋다.

- 흰색을 포함한 옅은 색 크레파스를 많이 사용했을 때 → 짙은 색 도화지 사용
- 검은색 크레파스를 많이 사용했을 때 → 흰색 도화지나 옅은 색의 도화지 사용

❷ 밑그림을 그릴 때에는 찍기용 도화지 색과 같은 색의 크레파스로 그린다(예: 찍기용 도화지가 흰색인 경우는 흰색 크레파스로 그리고, 검은색 도화지에 찍어내면 검은색 크레파스로 그린다).

❸ 다림질은 교사가 해주도록 한다.

사포 그림

전사 그림

사포 그림

전사 그림

7) 물감 불기

◆ **활동목표**

❶ 물감을 불었을 때 퍼지는 효과를 경험한다.

❷ 입으로 부는 것과 빨대로 불었을 때의 차이점을 안다.

◆ **활동자료**

물감이나 먹물, 흡수성이 적은 아트지 같은 도화지, 빨대, 붓이나 스포이트, 용기

◆ **활동과정**

❶ 물감이나 먹물을 큰 붓이나 스포이트에 듬뿍 묻혀서 도화지에 떨어뜨린다.

❷ 빨대 끝을 물감 가까이에 대고 불어서 퍼지게 한다.

❸ 다양하게 그림을 재구성하여 완성한다.

◆ **유의점 및 확장활동**

❶ 유아가 빨대로 물감을 빨아들이지 않게 주의한다.

❷ 너무 장시간 하면 머리와 입이 아플 수 있으므로 주의한다.

❸ 말린 후 물감이 퍼진 선 사이로 색칠해 봄으로써 집중력을 기를 수 있다.

❹ 도화지의 종류나 색을 다양하게 사용해 본다.

8) 실 뽑아 연상하기

◆ **활동목표**

❶ 실 뽑기 활동을 통해 좌우대칭의 개념에 대해 안다.

❷ 실을 뽑아서 연상되는 이미지를 표현해 봄으로써 사고력을 훈련하며 상상력을 키운다.

◆ **활동자료**

도화지, 붓, 포스터 물감, 물감 푼 접시, 굵기가 가는 실 약 50cm

◆ **활동과정**

❶ 실에 물감을 충분히 적신다.

❷ 도화지를 반으로 접었다 펴서 한쪽 면에 실을 재미있게 구성한 후 잡고 있던 쪽의 실 끝부분을 도화지 밖으로 뺀다.

❸ 다시 도화지를 반으로 접은 후 한쪽 손바닥으로 실이 있는 도화지 위를 누르고 실 끝을 잡아당긴다.

❹ 마른 후 도화지를 상하좌우로 돌려가며 연상되는 이미지를 표현한다.

◆ **유의점 및 확장활동**

실을 뽑지 않고 찍기할 수 있다.

9) 실 튕기기

◆ **활동목표**

❶ 실을 물감에 묻혀서 염색이 되는 과정을 경험함다.

❷ 실을 도화지에 놓았을 때와 튕겼을 때 도화지에 표현되는 차이를 느껴 본다.

◆ **활동자료**

물감, 붓, 도화지, 팔레트, 다양한 종류와 굵기의 실, 앞치마

◆ **활동과정**

❶ 털실계열은 물감 흡수가 용이하도록 물에 담갔다 뺀다.

❷ 실에 물감을 충분히 묻힌다.

❸ 실을 양손검지손가락에 걸어서 팽팽히 잡아당긴 후 튕긴다(2인 1조로 작업하거나 교사가 도와준다).

◆ **유의점 및 확장활동**

❶ 실을 느슨하게 잡지 않도록 한다.

❷ 책상에 테이프로 한쪽 실을 고정시키면 혼자서 작업이 가능하다.

❸ 흰색 실을 사용하면 물감의 색이 묻히는 것이 잘 나타난다.

❹ 마르고 난 후 튕겨서 생겨진 면에 '봄', '사랑' 등의 주제를 제시하여 연상하여 표현할 수 있다.

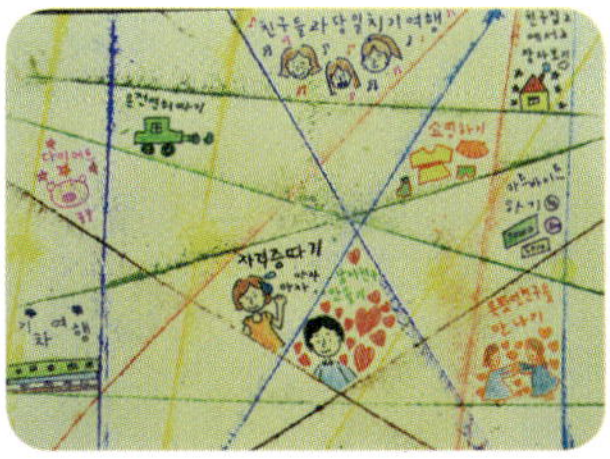

10) 물감 뿌리기

◆ **활동목표**

사물의 모양에 따라 나타나는 외형과 물감을 뿌려서 나타나는 무수히 많은 점의 느낌을 즐긴다.

◆ **활동자료**

도화지, 수채화물감 탄 분무기, 나뭇잎, 빨래집게 등 떠낼 물건

◆ **활동과정**

❶ 나뭇잎, 빨래집게 등 떠낼 물건을 도화지에 올려놓는다.

❷ 물감 탄 분무기를 분사시킨다.

❸ 물감이 마르면 사물을 떼어낸다.

◆ **유의점 및 확장활동**

❶ 도화지에 그림을 그려 오리거나, 잡지에서 사물의 모양을 오려 사용할 수 있다.

❷ 칫솔에 물감을 묻혀 손가락으로 튕기며 작업이 가능하다.

❸ 물감 탄 분무기는 깨끗이 씻어 입구가 마르지 않도록 유의한다.

11) 점 찍어 퍼즐 만들어 놀이하기

◆ **활동목표**

❶ 점을 찍어서 그릴 수 있다.

❷ 내가 그린 그림을 조각 내서 퍼즐로 만들고 놀이로 활용해 봄으로써 성취감과 보람을 느낀다.

◆ **활동자료**

도화지, 물감, 면봉, 가위, 그리기 용구, 우드락 0.3T(가위질이 가능한 얇은 것), 접착제

◆ **활동과정**

❶ 면봉에 물감을 묻혀서 점을 찍어 그린다

❷ 그림 밑에 우드락을 대어 고정시킨다.

❸ 연령에 따라 3조각 또는 여러 조각과 모양으로 자른다.

❹ 놀이로 활용한다.

◆ **유의점 및 확장활동**

❶ 가위질이 힘든 유아는 교사가 잘라두도록 한다.

❷ 놀이로 지저분해짐을 방지하기 위해서 그림 윗면에 투명 시트지를 바를 수 있다.

❸ 모둠으로 유아 한 명이 그림을 그리고 참여 인원수만큼 잘라 조각내어 점찍기 활동할 수 있다.

02

다양한 재료 및 재질 탐색

유아들은 자연과 주변 사물을 탐색해 봄으로써 새로운 발견을 하게 되고 풍부한 감성과 미적 가치를 느끼게 된다. 표현주제와 재료, 표현기법 및 아이디어들을 여러 가지 방법으로 탐색하는 과정을 통해 재료의 특성과 미술 재료에 대한 고정관념을 극복할 수 있으며, 좀 더 자유롭고 자신감 있는 표현이 가능하게 된다.

즉, 다양한 재료의 탐색을 통하여 기존의 일상화된 표현만 알게 하는 것에서 벗어나서 재료 그 자체로 가능한 모든 기법과 표현들을 시도해 봄으로써 새로운 표현양식을 발견할 수 있고 나아가 자신의 표현 의도에 맞는 표현방법을 모색할 수 있다(전성수 외, 2001).

(1) 탐색활동의 기본 재료

❶ 재료 탐색의 종류

흙물, 세제거품, 소금, 알코올, 밀가루, 면도용 크림, 목탄과 지우개, 얼음조각, 먹물, 달걀노른자 등

❷ 재질 탐색의 종류

천, 신문지, 상자, 마대, 삼베, 면천과 마천, 알루미늄 포일, 종이포일, 타일, 소포지, 우드락, 콜크판, 돌, 나무, 호박, 조롱박, 나무주걱, 달걀, 조개껍데기 등

(2) 다양한 재료 활용의 기대효과

❶ 조형탐색능력과 다양한 발상 유발

❷ 미술재료에 대한 이해와 융통성

❸ 연상력과 응용력, 사고력 발달

(3) 지도과정

크레파스와 물감 이외에 미술에 사용할 수 있는 재료와 켄트지 이외의 그리기가 가능한 재질은 어떤 것이 있는지 이야기 나눈다.

준비된 재료는 사용 용도와 냄새, 색깔과 질감, 특성, 유의점 등 다양하게 탐색하고 이해할 수 있도록 돕는다.

결과를 위해서 탐색과정을 결코 서두르지 않도록 하며 다양하게 제시된 재료는 자율적인 선택이 이루어지도록 하고 유아 스스로 이해한 특성이 잘 반영될 수 있도록 지도하여야 하겠다.

1) 마블링 그림

마블링

물과 기름이 섞이지 않는 성질을 이용한 것으로 우연의 효과를 살려 작품을 제작하는 기법

◆ **활동목표**

❶ 마블링 물감이 물과 섞이지 않는 성질을 안다.

❷ 우연히 생긴 동적인 무늬를 찍어 봄으로써 무늬의 아름다움을 발견한다.

◆ **활동자료**

도화지, 가위, 마블링 물감, 넓은 쟁반이나 대야, 신문지

◆ **활동과정**

❶ 책상 위에 신문지를 깔고 넓은 대야에 반 정도 물을 채워 놓는다.

❷ 여러 가지 색의 마블링 물감을 떨어뜨린 후 입으로 불거나 막대나 빗으로 저어 무늬를 만든다.

❸ 종이를 넣고 찍은 후 건조시킨다.

❹ 마블링한 종이를 원하는 형태로 자르거나 붙여서 재구성한다.

◆ **유의점 및 확장활동**

❶ 마블링 물감을 제거할 때에는 신문지를 덮어서 제거한다.

❷ 마블링 물감이 옷에 묻지 않도록 주의시킨다.

❸ 먹물을 이용할 수 있다.

❹ 여러 가지 모양의 종이를 오려서 찍어낼 도화지에 물로 붙여 마블링한 후 붙인 종이를 떼어내면 하얀 모양무늬가 생긴다.

혜지

2) 세제 거품그림

◆ **활동목표**

주방세제의 성질을 알고 비누거품으로 다양한 표현방법을 탐구한다.

◆ **활동자료**

색깔 비누방울액(주방세제, 글리세린-약국에서 구입), 물, 물엿이나 설탕, 물감 또는 식용색소, 도화지, 컵, 빨대 등 불기 도구, 신문지

◆ **활동과정**

❶ 주방세제와 물, 소량의 글리세린, 물엿, 물감을 섞어 하루 정도 숙성시킨다. 섞을 때 빨대(빨대 끝부분을 1.5cm가량으로 잘라 꺾어 빨대꽃을 만들어 섞기)로 톡톡 두드리듯 섞어야 잔거품이 생기지 않는다.

❷ 종이컵에 담아 빨대로 불어서 거품을 만든다.

❸ 거품이 올라오면 도화지를 올려놓고 찍는다.

❹ 건조 후 재구성하여 표현한다.

◆ **유의점 및 확장활동**

❶ 비누거품이 담긴 그릇을 엎지르지 않도록 주의시킨다.

❷ 길고 굵은 빨대를 이용하여 거품을 내고 입으로 들이키지 않도록 주의한다.

❸ 바람이 불지 않는 날 실외 영역에 나가 교사가 비누방울액을 불고, 유아는 뛰어다니며 도화지에 비누방울 받기를 할 수 있다.

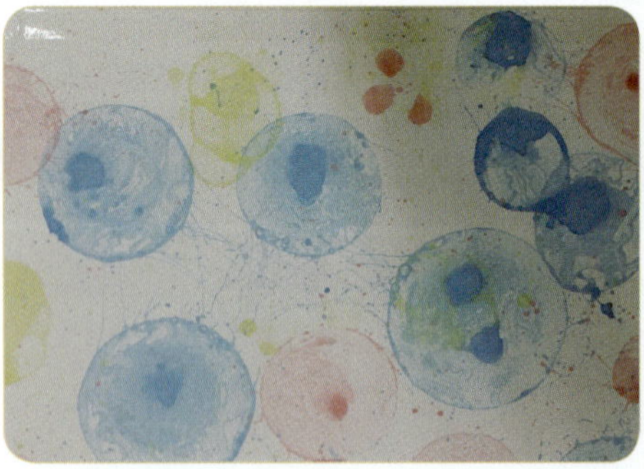

3) 소금 그림

◆ **활동목표**

❶ 소금이 물감을 흡수하는 삼투현상에 대해 안다.

❷ 소금을 털어 말린 그림 뒷면에 그림을 그려 오려서 꾸미기할 수 있다.

❸ 무늬를 관찰하며 상상력을 기른다.

◆ **활동자료**

켄트지, 빽붓이나 큰 붓, 풀, 가위, 다양한 굵기의 소금, 물감, 팔레트

◆ **활동과정**

❶ 켄트지 전체에 물감을 칠한다.

❷ 물감이 마르기 전에 소금을 뿌린다.

❸ 그림을 건조시키면서 소금이 물감을 흡수해 하얀 자국이 생기는 과정을 관찰한다.

❹ 건조 후 소금을 털어내고 손으로 찢거나 가위를 사용해서 재구성하여 콜라주 한다.

◆ **유의점 및 확장활동**

❶ 추운 날씨에는 번지는 효과가 잘 나타나지 않을 수 있으므로 따뜻한 곳에서 작업하고 드라이기를 사용해서 작업할 수 있다.

❷ 목공풀로 그림을 그리고 소금을 뿌려 털어내어 말린 후 가는 붓에 물감을 묻혀서 소금에 칠해볼 수 있다.

4) 알코올 그림

◆ **활동목표**

❶ 알코올 방울이 종이에 떨어질 때 물감을 둥글게 밀어내는 과정을 경험한다.

❷ 사용하는 도구에 따라 다양하게 표현되는 무늬를 관찰한다.

◆ **활동자료**

켄트지, 빽붓이나 큰 붓, 물감, 알코올(에탄올-약국에서 구입), 플라스틱 약병이나 스포이트

◆ **활동과정**

❶ 켄트지에 물감을 칠한다.

❷ 물감이 마르기 직전 스포이트나 약병에 알코올을 담아서 한 방울씩 떨어뜨린다.

❸ 알코올 방울이 물감을 밀어내는 과정을 관찰한다.

❹ 건조 후 다양하게 표현되는 무늬에 대해 느낌을 이야기한다.

◆ **유의점 및 확장활동**

면봉에 알코올을 찍어서 그리거나 분무기에 넣어서 분사하여 표현할 수 있다.

5) 밀가루 그림

◆ **활동목표**

밀가루의 특성을 여러 감각으로 경험한다.

◆ **활동자료**

검은색 도화지, 밀가루, 앞치마 또는 흰색계열의 옷, 천막 등 바닥깔개

◆ **활동과정**

❶ 검은색 도화지 전지 위에 밀가루를 부어 놓는다.

❷ 밀가루를 탐색하며 손가락으로 그리기를 한다.

◆ **유의점 및 확장활동**

❶ 색지에 딱풀로 그린 다음 밀가루를 뿌려 표현할 수 있다.

❷ 밀가루에 파스텔 가루를 섞어서 표현할 수 있다.

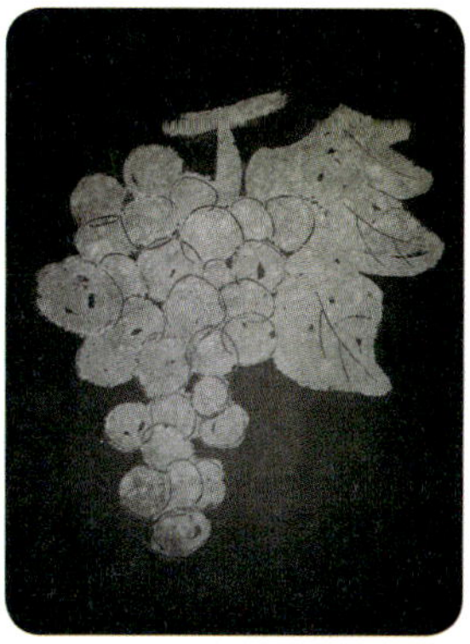

6) 목탄과 지우개 그림

◆ **활동목표**

❶ 목탄의 성분을 알고 시각과 촉각적 경험을 한다.

❷ 지우개가 그림의 도구가 될 수 있음을 안다.

◆ **활동자료**

목탄, 목탄지, 미술용 지우개, 사포나 절구, 앞치마

◆ **활동과정**

❶ 목탄의 성분에 대해 이야기 나눈다(버드나무나 포도나무 가지를 연소시켜 만든 숯).

❷ 거친 사포에 긁어 가루를 내거나 절구에 빻아서 가루로 만든다.

❸ 목탄가루를 손바닥에 묻혀 목탄지에 찍어보거나 마구 문지른 후 칠한다.

❹ 지우개를 비스듬히 잘라서 그려보고 그려진 흔적과 느낌에 대해 이야기 나눈다.

◆ **유의점 및 확장활동**

❶ 연필가루로도 표현할 수 있다.

❷ 지우개를 다양한 굵기로 제시한다.

7) 커피 그림

◆ **활동목표**

다양한 촉감과 향을 경험하고 농담을 이용해 표현할 수 있다.

◆ **활동자료**

붓이나 면봉, 도화지, 커피가루

◆ **활동과정**

❶ 커피의 용도에 대해 이야 기 나눈 후 만져보고 냄새 맡으며 탐색한다.

❷ 물의 양에 따라 농담을 조절하며 커피가루와 물을 섞는다.

❸ 손가락이나 붓, 면봉 등으로 그린다.

❹ 작업 후의 느낌에 대해 이야기 나눈다.

◆ **유의점 및 확장활동**

도화지에 물을 적신 후 입자가 큰 커피가루를 던지고 유아가 도화지에 받으며 활동할 수 있다.

8) 흙물 그림

◆ **활동목표**

흙에 물을 섞어 반죽해 보며 질감을 느끼고 흙물로 표현할 수 있다.

◆ **활동자료**

흙, 비닐, 체, 포스터 물감, 물, 그릇, 그리기 도구(면봉, 나무젓가락, 롤러 등)

◆ **활동과정**

❶ 흙을 체에서 걸러 고운 흙을 만든다.

❷ 흙을 그릇에 담고 물과 물감을 혼합하여 흙 물감을 만든다.

❸ 도화지에 그린 후 말린다.

◆ **유의점 및 확장활동**

❶ 돌이나 나무, 천, 폐상자 등 다양한 질감에 그려 볼 수 있다.

❷ 흙점토에 물을 섞어 사용할 수 있다.

9) 면도용 크림

◆ **활동목표**

면도용 크림이 좋은 미술재료가 됨을 알고 촉감을 즐기며 자유롭게 표현할 수 있다.

◆ **활동자료**

아크릴판이나 비닐 또는 아세테이트지, 면도용 크림, 물감

◆ **활동과정**

❶ 아세테이트지 위에 면도용 크림을 만져보며 탐색한다.

❷ 면도용 크림과 물감을 혼합하여 문지르거나 찍는다.

◆ **유의점 및 확장활동**

물감 대신 색소를 사용할 수 있다.

10) 물엿 그림

◆ **활동목표**

물엿의 용도를 알고 물엿으로 그려봄으로써 다양한 질감을 경험한다.

◆ **활동자료**

켄트지, 물감, 물엿, 면봉, OHP 필름

◆ **활동과정**

❶ 물엿의 용도에 대해 이야기 나눈 후 ohp필름지에 물엿을 탐색한다.

❷ 물엿과 물감을 섞어 본다.

❸ 재료의 특성을 살려서 손가락이나 면봉으로 자유롭게 표현한다.

◆ **유의점 및 확장활동**

❶ OHP 필름에 그린 물엿 그림은 물엿이 마르기 전 켄트지에 뒤집어 붙여 보관 또는 전시할 수 있다.

❷ 그림을 충분히 말린 후 투명성의 특징을 살려 창문에 붙여서 전시할 수 있다.

❸ 붓펜 그림은 붓에 물을 묻혀 번짐을 볼 수 있다.

물엿 그림

11) 붓펜 그림

◆ **활동목표**

붓펜의 성질을 알고 자신의 생각과 느낌을 표현할 수 있다.

◆ **활동과정**

❶ 붓펜을 탐색한다.

❷ 붓펜의 특성을 알고 자유롭게 자신 생각과 느낌을 표현한다.

◆ **유의점 및 확장활동**

붓펜은 수용성이므로 그림을 그린후 물을 묻힌 붓으로 붓펜그림 위에 칠해보며 번짐을 관찰할 수 있다.

붓펜 그림

12) 우드락과 벽지

◆ **활동목표**

평소 익숙한 켄트지와 다른 재질에 표현했을 때와의 차이점과 느낌을 경험한다.

◆ **활동자료**

벽지, 우드락, 크레파스, 색연필

◆ **활동과정**

❶ 우드락 위에 구상한 그림을 그리거나 벽지의 무늬를 따라 색칠해 본다.

❷ 느낌에 대해 소개하고 감상한다.

우드락

벽지

13) 신문지와 상자

◆ **활동목표**

재활용지 위에 그려봄으로써 나타나는 다양한 시각적 효과를 경험한다.

◆ **활동자료**

신문지와 상자류, 그리기 도구

◆ **활동과정**

❶ 재활용지의 종류에 대해 이야기 나눈다.

❷ 신문지나 상자를 알맞게 놓아둔다.

❸ 먹물, 크레파스, 물감 등으로 그림을 그린 후 자유롭게 감상한다.

◆ **유의점 및 확장활동**

❶ 물감작업 시 옷에 묻지 않도록 앞치마를 하고 시작한다.

❷ 난화기 시기의 유아는 신문지 등의 인쇄물이 시각적 혼돈을 가져오므로 피하도록 한다.

신문지

상자

14) 마대와 삼베

◆ **활동목표**

마대와 삼베의 쓰임새와 성질에 대해 알고 도화지와 다른 질감의 차이를 느낄 수 있다.

◆ **활동자료**

마대, 삼베, 유성매직이나 크레파스

◆ **활동과정**

❶ 마대와 삼베의 쓰임새에 대해 이야기하고 탐색한다.

❷ 유성매직이나 크레파스로 그림을 그리고 색칠한다.

❸ 다양한 방법으로 전시하고 감상한다.

◆ **유의점 및 확장활동**

❶ 마대 위에 그림 그릴 때 매직이 잘 마르지 않으므로 손에 묻지 않도록 유의한다.

❷ 마대나 삼베 테두리의 올을 풀어 장식할 수 있다.

마대

삼베

15) 천과 장판

◆ **활동목표**

천과 장판의 종류에 다른 특성 및 질감을 경험한다.

◆ **활동자료**

면천 등 천류, 장판류, 유성매직이나 크레파스 등

◆ **활동과정**

❶ 교사는 천과 장판 종류를 잘라서 제시한 후 종류나 질감에 대해 이야기 나눈다.

❷ 천과 장판의 종류에 따라 그리기 매체를 선택하여 그린다.

◆ **유의점 및 확장활동**

❶ 유성매직이나 아크릴 물감은 잘 지워지지 않으므로 앞치마를 꼭 하도록 한다.

❷ 연한 색의 천은 사인펜으로 그리고 분무기로 물을 분사시켜 번짐을 표현할 수 있다.

❸ 천 종류는 작업 시 움직이지 않도록 고정시켜 준다.

천

장판

16) 달걀과 조개껍데기

◆ **활동목표**

여러 가지 재료들을 탐색해 보고 입체적 사물 위에 표현할 수 있다.

◆ **활동자료**

삶은 달걀, 조개껍데기, 그리기 도구(유성매직이나 아크릴 물감)

◆ **활동과정**

❶ 달걀은 미리 삶아서 준비하고 조개껍데기는 깨끗이 손질해 둔다.

❷ 재료 위에 구상한 그림을 그린다.

◆ **유의점 및 확장활동**

❶ 달걀이 깨지지 않도록 유의한다.

❷ 달걀 속을 비워서 그린 후 모빌을 만들 수 있다.

17) 알루미늄 포일과 비닐

◆ **활동목표**

다양한 재질에 따라 표현하는 매체가 다름을 알고, 그림 그리는 경험을 통해 창의력 발달과 심미감을 기른다.

◆ **활동자료**

알루미늄 포일, 비닐, 유성매직

◆ **활동과정**

❶ 포일이나 비닐 위에 구상한 밑그림을 유성매직이나 아크릴 물감으로 그린다.

❷ 표현한 느낌에 대해 이야기 나눈다.

◆ **유의점 및 확장활동**

그림을 그릴 때 움직이지 않도록 고정시켜 준다.

18) 돌과 나무

◆ **활동목표**

다양한 자연물의 활용과 표현방법을 경험한다.

◆ **활동자료**

다양한 크기의 돌과 나무토막, 그리기 도구(흰색 수성페인트, 매직, 물감, 붓)

◆ **활동과정**

❶ 돌은 깨끗이 씻어 말리고 나무는 사포를 이용하여 매끄럽게 다듬는다.

❷ 각 재료 위에 적절한 매체를 선택하여 그린다.

◆ **유의점 및 확장활동**

❶ 앞치마와 토시 착용 후 작업한다.

❷ 나무토막 위에는 종류에 따라 선명한 색을 보기 위해 수성 흰색 페인트를 칠한 후 말려서 표현할 수 있다.

19) 조롱박, 나무주걱, 도마

◆ **활동목표**

그리기 재료 활용의 융통성을 기른다.

◆ **활동자료**

조롱바가지, 나무주걱, 나무도마, 그리기 도구(유성매직, 물감, 붓)

◆ **활동과정**

❶ 조롱박, 쓰지 않는 나무주걱이나 도마를 깨끗이 손질한다.

❷ 재료 위에 구상한 그림을 그린다.

◆ **유의점 및 확장활동**

물감의 색을 선명하게 하기 위해서 사물에 젯소(Gesso)나 수성 흰색 페인트를 칠하여 말린 후 표현할 수 있다.

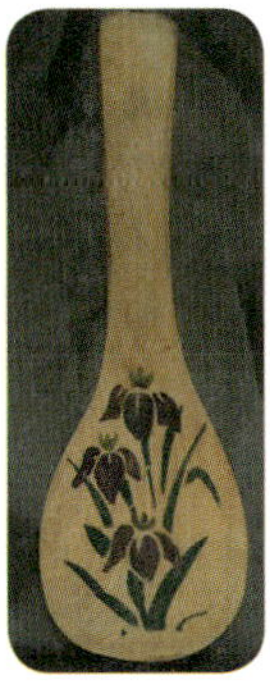

20) 종이포일과 크라프트지

◆ **활동목표**

다양한 재질에 따라 표현하는 매체가 다름을 알고 재료별 특성을 경험한다.

◆ **활동자료**

종이포일, 크라프트지, 그리기 도구

◆ **활동과정**

❶ 종이포일이나 크라프트지에 매직이나 색연필 등으로 자신의 생각을 표현한다.

❷ 재료적 특성과 표현한 느낌에 대해 나눈다.

◆ **유의점 및 확장활동**

그림을 그릴 때 움직이지 않도록 종이테이프로 고정하여 그린다.

03

종이
조형활동

종이는 생활 주변에서 흔히 접할 수 있는 자료로서 여러 가지 색감과 질감, 구겨지고 휘어지는 등 다양한 성질을 가지고 있다. 이러한 종이 자체가 가지고 있는 성질을 살려 찢거나 자르기, 구겨보기, 붙이기 등의 활동을 함으로써 긴장감을 해소하고 눈과 손의 협응력 발달과 모양, 크기에 대한 개념을 발달시킬 수 있다.

(1) 종이활동의 기본 재료

❶ **종이의 종류** – 켄트지, 화선지, 색상지, 벽지, 소포지, 신문지, 잡지, 주름지, 미농지, 화장지, 냅킨지, 포장지, 마분지, 아트지, 골판지, 과자 상자류 등

❷ **접착제** – 물풀, 딱풀, 밀가루풀, 양면테이프, 공예용 본드 등

❸ **종이활동을 돕는 도구** – 가위, 칼, 펀칭기 등

(2) 종이활동의 기본 유형

❶ **구기기** – 손으로 구기거나 구겨서 뭉칠 수 있다.

❷ **찢기** – 종이 결대로 손으로 크게 찢거나 잘게 찢을 수 있다.

❸ **구부리기** – 종이를 구부려서 풀로 붙일 수 있다.

❹ **뚫기**– 손으로 구멍을 내거나 펀칭기로 뚫을 수 있다.

⑤ **자른 후 말기** – 일정한 넓이로 자른 후 연필이나 붓 등 다양한 굵기의 막대로 말 수 있다.

⑥ **접기** – 여러 가지 모양으로 접을 수 있다.

⑦ **엮어보기** – 씨실과 날실을 만들어 엮을 수 있다.

⑧ **태우기** – 모기향으로 태우거나 촛불로 그을릴 수 있다.

⑨ **꼬거나 땋기** – 손으로 비벼서 두 가닥으로 꼬거나 세 가닥으로 땋을 수 있다.

(3) 지도과정

종이활동을 할 때는 기본 유형을 이용하여 다양하게 탐색하면서 종이의 성질과 특색을 알도록 한다. 형태나 색채뿐 아니라 흰 물체에 나타나는 밝은 부분과 그림자, 반복, 강조, 변화, 동세 등을 이용하여 표현하는 패턴이나 율동 등의 아름다움을 감상하도록 한다.

종이 작품을 보관할 때에는 전시기간이 끝났다고 버리기보다 제목과 활동과정을 적어서 날짜별로 파일에 정리하도록 한다. 작품활동 후 남은 종이는 번거롭지만 사각형의 다양한 크기로 잘라두면 다른 활동 때 사용할 수 있다.

1) 종이 자유롭게 찢기

◆ **활동목표**

종이의 재질과 찢는 소리를 느껴보고 마음껏 종이를 찢어 놀이해 봄으로써 불안감과 긴장감을 해소시킨다.

◆ **활동자료**

신문지

◆ **활동과정**

❶ 종이를 크고 길게 또는 잘게 찢어 보며 탐색한다.

❷ 찢은 종이를 공중으로 날려 보면서 눈 오는 모습을 재현해 보거나 이불덮기 등 놀이한다.

❸ 음악을 틀어놓고 음의 고저, 장단, 리듬을 타며, 그 느낌에 맞추어 종이놀이를 해본다.

◆ **유의점 및 확장활동**

❶ 교실에 종이 조각이 흐트러져 있지 않도록 유아 스스로 주변을 깨끗하게 정리하도록 한다.

❷ 활동이 끝나면 종이 조각을 모아 종이테이프로 묶은 뒤, 공놀이를 해본다.

❸ 찢은 종이 조각을 밀가루풀과 혼합하면 종이죽을 만들 수 있다.

❹ 신문지 외에 색습자지, 가격이 비교적 저렴한 색한지 등으로 색깔놀이를 즐길 수 있다.

2) 선 따라 오리기

◆ **활동목표**

여러 가지 모양의 선을 따라 오려 봄으로써 가위질의 기술이 발달하고 형태의 변화를 관찰한다.

◆ **활동자료**

선이 그려진 종이(신문이나 잡지), 가위

◆ **활동과정**

❶ 가위 사용 시 안전하게 사용하는 방법 등 유의점에 대해 이야기 나눈다.

❷ 그려진 선을 따라 오린다.

◆ **유의점 및 확장활동**

❶ 처음으로 가위를 사용하는 유아는 직선부터 따라 오리도록 한다.

❷ 이후 가위질이 익숙해지면 지그재그, 물결 모양 등 다양한 형태의 선을 그려서 따라 오린다.

❸ 신문이나 잡지 등 다양한 재질과 형태를 오려 본다.

3) 그물 무늬 오리기

◆ **활동목표**

선을 따라 종이를 오려 보고, 신축성에 따라 나타나는 종이의 움직임을 관찰하며 놀이를 즐긴다.

◆ **활동자료**

도화지, 가위, 나무젓가락(수수깡), 접착제

◆ **활동과정**

❶ 정사각형 종이를 사선으로 두 번 접는다.

❷ 정해진 선을 향해 지그재그로 잘라 올라간다. 이때 맞은편 접은 선 부분까지 다 자르지 말고 1cm 정도 남겨둔다.

❸ 접어 오린 것을 조심스럽게 펼친 후 당겨본다.

◆ **유의점 및 확장활동**

❶ 도화지에 유아가 그림을 그려 접어서 오리면 움직임에 따라 변화되는 그림을 경험할 수 있다.

❷ 그물무늬 중심부분에 나무젓가락이나 수수깡을 붙여 놀이에 활용할 수 있다.

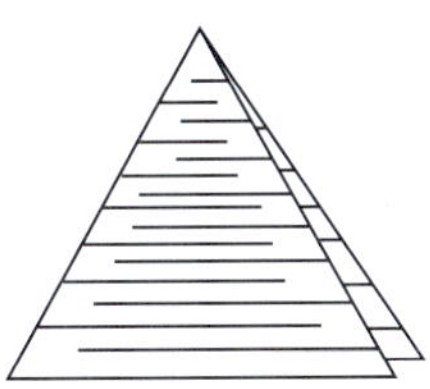

사각그물무늬

원형그물무늬

4) 형태나 색채별로 분류하기

◆ **활동목표**

잡지에서 도형 모양이나 사물의 종류, 색채 등을 찾아 분류해 봄으로써 사물인지력이 발달하고 수집을 통한 분류 경험을 갖는다.

◆ **활동자료**

도화지(지퍼백), 잡지, 가위, 풀

◆ **활동과정**

❶ 도형 모양이나 사물의 종류, 색채 등에 대해 이야기 나눈다.

❷ 잡지에서 유사한 모양이나 색채를 가진 사물들을 오린다.

❸ 도화지나 상자, 지퍼팩 등에 모양이나 색채, 종류별로 분류, 수집한다.

◆ **유의점 및 확장활동**

❶ 오리기가 힘든 부분은 대략 크게 오린다.

❷ 오린 색과 같은 색깔의 색지에 붙이고 코팅하여 교구로 활용할 수 있다.

색채별 분류

형태별 분류

5) 그림 옮겨 붙이기

◆ **활동목표**

단일한 주제의 그림이 늘어남에 따른 모양의 변화에 관심을 갖는다.

◆ **활동자료**

도화지, 잡지나 사진, 풀, 가위, 색연필이나 사인펜

◆ **활동과정**

❶ 그림이나 사진을 가로나 세로, 사선 등의 직선이나 곡선으로 오려 놓는다.

❷ 도화지 위에 오려낸 그림을 일정한 간격으로 띄워서 붙인다.

❸ 띄워진 부분에 사인펜이나 색연필을 이용해 선이나 색으로 그림을 연결해 본다.

◆ **유의점 및 확장활동**

❶ 도화지를 계단접기하여서 두 종류의 같은 크기 그림을 차례대로 하나씩 연결하여 붙여서, 바라보는 시각에 따라 변화하는 신기한 마법 그림을 만들 수 있다.

❷ 그림을 잘라 놓을 때 조각 수가 많으면 번호를 매겨 작업할 수 있다.

그림 옮겨 붙이기

마법 그림

6) 문자 오려 디자인

◆ **활동목표**

주변에서 친숙한 글자를 찾아보고 디자인함으로써 다양한 글자놀이를 즐긴다.

◆ **활동자료**

도화지, 신문이나 잡지, 풀, 가위, 연필

◆ **활동과정**

① 어떤 형태로 표현할 것인지 먼저 구상한다.

② 연필로 밑그림을 그린다.

③ 신문이나 잡지에 있는 글자들을 오려 밑그림 부분에 붙인다.

④ 여러 가지 색과 다양한 글자 크기로 붙여 가며 완성한다.

◆ **유의점 및 확장활동**

① 알파벳이나 숫자를 다양한 크기나 모양으로 출력하여 붙이기를 할 수 있다.

② 이름 등 주제를 주어 글자 찾기를 할 수 있다.

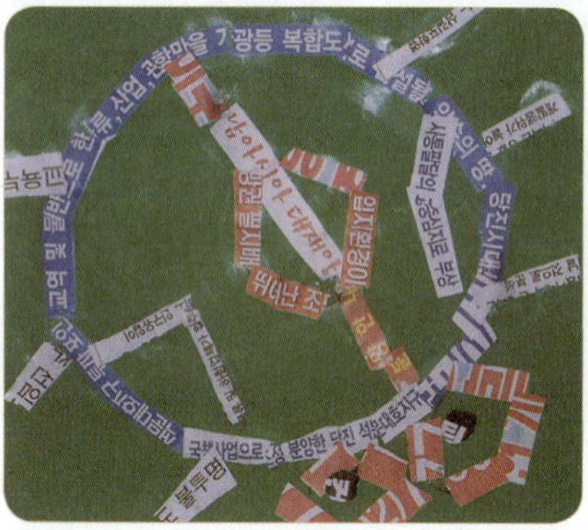

7) 포토 몽타주

◆ **활동목표**

서로 다른 사진을 오리고 결합하여 새로운 시각효과를 경험한다.

> **포토 몽타주**
>
> 화면에 두 개 이상의 이미지를 합성해서 전혀 다른 이미지를 만들어 내는 기법

◆ **활동자료**

도화지, 사진이나 잡지, 풀, 가위

◆ **활동과정**

❶ 두 가지 정도의 사진이나 그림을 선택한다.

❷ 선택한 사물을 부분별로 2~3조각 자른다.

❸ 도화지 위에 서로 다른 2~3조각의 사진을 결합해서 풀로 붙인다.

❹ 보충할 내용이나 연상되는 그림을 그려 넣는다.

8) 연속 무늬 오리기

◆ **활동목표**

종이를 접은 수와 나타나는 사물의 수의 관계를 알고, 반복되는 사물의 모습을 즐긴다.

◆ **활동자료**

도화지, 연필, 가위

◆ **활동과정**

❶ 도화지를 길게 자른다.

❷ 길게 자른 종이를 병풍식으로 접는다.

❸ 접힌 종이 면에 원하는 모양을 사인펜으로 그린다.

❹ 본을 따라 가위로 오린다.

◆ **유의점 및 확장활동**

그림을 그리고 오릴 때 연결되지 않고 낱장으로 떨어지지 않도록 접은 면의 한쪽 부분은 오리지 않도록 한다.

9) 종이 접어 오리기

◆ **활동목표**

종이를 자유롭게 접고 오려서 나타나는 변화를 관찰한다.

◆ **활동자료**

색종이, 가위

◆ **활동과정**

❶ 색종이를 자유롭게 접는다.

❷ 오려서 펼친다.

04

콜라주

콜라주(collage)는 본래 '풀칠', '바르기'를 의미한다.

화면에 인쇄물, 쇠붙이, 천, 나뭇조각, 모래 등 여러 가지 물질을 붙여서 구성하는 회화기법 또는 그러한 기법에 의해 제작되는 회화를 가리킨다.

콜라주란 원래 파피에콜레(papies colle)가 발전된 것으로 1911년경 입체파 화가 피카소나 브라크 등이 화면효과를 높이고 구체감을 강조하기 위하며 그림물감 대신에 신문지, 우표, 벽지, 상표 등의 실물을 붙여 화면을 구성하였다. 그 후 이것이 발전하여 실, 모발, 철사, 나뭇잎, 잡지의 사진 등 캔버스와는 이질적인 재료가 사용되었다. 이처럼 생활 주변에서 구할 수 있는 모든 재료들이 콜라주의 재료가 될 수 있다.

(1) 기본 재료

❶ 바탕

다양한 종류의 종이류, 두꺼운 종이상자, 하드보드지, 우드락 등

❷ 재료

- 인공물 – 잡지나 종이류, 실, 단추, 과자, 화장지, 헝겊 등

- 자연물 – 나뭇잎, 돌멩이, 모래, 조개껍데기, 달걀껍데기, 곡식, 씨앗, 나뭇가지, 솔방울, 도토리 등

(2) 지도과정

여러 가지 사물을 손으로 만져보고 냄새 맡고 두드려보는 등 탐색과정을 통해 각 사물이 가지는 특성이나 질감을 감각적으로 경험해 보도록 한다. 탐색과정 중 여러 가지 사물을 자유롭게 놓아 보거나 형태나 종류, 촉감별로 분류하고 원하는 형태로 구성해 볼 수 있도록 한다.

처음으로 작업하는 유아들에게는 너무 많은 종류의 재료를 제시하지 않도록 하며 자신이 표현하고자 하는 생각과 관련된 재료의 느낌을 통해 필요한 재료를 스스로 선택하여 사용하도록 한다.

1) 국수나 파스타

◆ **활동목표**

❶ 국수의 촉감을 즐긴다.

❷ 음식재료를 조형활동으로 연결하는 경험을 한다.

◆ **활동자료**

국수(파스타), 도화지, 양면테이프 등 접착제

◆ **활동과정**

❶ 국수(파스타)를 탐색한다.

❷ 밑그림을 그린다.

❸ 접착제로 국수(파스타)를 붙인다.

◆ **유의점 및 확장활동**

❶ 국수는 파스텔로 염색하여 작업할 수 있다.

❷ 건 국수 외에 삶은 국수나 파스타를 탐색해보며 다양하게 표현활동해 볼 수 있다.

2) 점토

◆ 활동목표

점토의 다양한 종류와 질감을 경험하고 특성을 이해한다.

◆ 활동자료

점토류, 우드락이나 하드보드지

◆ 활동과정

❶ 점토를 탐색하며 특성을 이해한다.

❷ 주제에 따라 부조형식으로 콜라주한다.

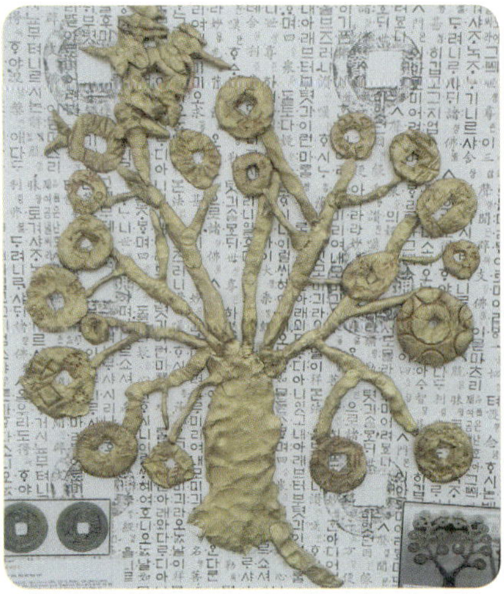

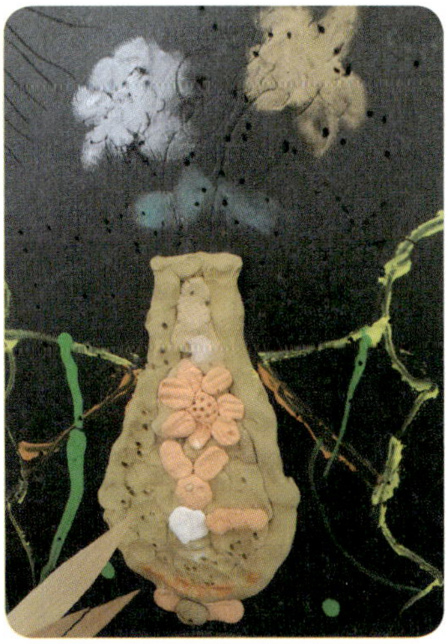

3) 단추

◆ **활동목표**

❶ 다양한 종류의 단추 모양과 크기에 대해 안다.

❷ 단추의 색과 크기별로 콜라주 해봄으로써 디자인 감각능력이 증진된다.

◆ **활동자료**

다양한 종류의 단추, 접착제, 배경판(우드락, 초콜릿 상자 등), 기타 재료(빵끈, 방울 등)

◆ **활동과정**

❶ 빳빳한 배경판에 구상한 모양을 그린다.

❷ 크기와 모양, 색 등을 고려하여 단추로 콜라주한다.

◆ **유의점 및 확장활동**

우드락이나 하드보드지, 페박스 등을 액자형태로 오려서 단추를 붙여 액자만들기 할 수 있다.

4) 과자

◆ **활동목표**

① 다양한 과자의 모양에 관심을 갖는다.

② 유아들이 좋아하는 과자를 이용해 조형활동을 해봄으로써 재료의 다양성에 대해 인식하고 즐거운 시간을 가진다.

◆ **활동자료**

다양한 모양과 색의 과자, 접착제(조청 등), 배경판

◆ **활동과정**

① 과자를 어떻게 붙일지 구상한다.

② 어울리게 콜라주 한다.

◆ **유의점 및 확장활동**

① 조청, 잼 등의 먹을 수 있는 접착제를 사용한다.

② 과자를 붙일 때 부서지지 않도록 주의한다.

5) 화장지

◆ **활동목표**

❶ 화장지의 특성을 안다.

❷ 화장지를 구기고 말고 붙이는 과정에서 소근육이 발달한다.

◆ **활동자료**

화장지, 풀, 도화지

◆ **활동과정**

❶ 도화지 위에 구상한 그림을 그린다.

❷ 그려진 형태에 부분별로 풀을 칠하고 화장지를 붙인다.

❸ 화장지를 구기거나 말아서 입체감 있게 표현한다.

◆ **유의점 및 확장활동**

손에 풀이 묻어서 화장지가 손에 붙지 않도록 유의한다.

6) 잡지

◆ **활동목표**

시각 및 촉감의 감각을 경험하고 소근육 발달이 증진된다.

◆ **활동자료**

폐잡지, 도화지, 가위, 풀

◆ **활동과정**

❶ 도화지 위에 밑그림을 그린다.

❷ 여러 가지 색의 잡지를 찢거나 잘라서 어울리게 구성한다.

7) 실

◆ **활동목표**

❶ 다양한 실의 촉감을 경험한다.

❷ 실의 선이 결합하여 면이 되는 과정을 이해한다.

◆ **활동자료**

굵기가 굵은 여러 색의 실, 접착제, 가위, 도화지

◆ **활동과정**

❶ 도화지에 밑그림을 그린다.

❷ 그림 부분에 적합한 실의 색을 선택하여 알맞은 모양으로 풀칠하여 붙인다.

❸ 그림의 빈 공간에 색연필로 그리거나 색칠하여 완성한다.

◆ **유의점 및 확장활동**

실 조각은 가벼워서 날리기 쉬우므로 바람이 없는 곳에서 작업한다.

8) 자연물

◆ **활동목표**

❶ 자연물의 종류와 모양, 크기에 대해 안다.

❷ 각 자연물의 다양한 질감과 냄새를 경험한다.

◆ **활동자료**

자연물(말린 꽃, 나뭇가지, 나뭇잎, 풀 등), 접착제, 배경지, 가위

◆ **활동과정**

❶ 여러 가지 자연물을 탐색한 후 그림을 구상하여 그린다.

❷ 밑그림에 알맞은 자연물을 선택하여 붙인다.

9) 색 습자지

◆ **활동목표**

색 습자지를 연필에 감아 주름을 잡았다가 빼는 활동을 통해 소근육 발달과 손의 협응력을 기른다.

◆ **활동자료**

배경지, 다양한 색의 습자지, 나뭇가지, 딱풀이나 양면테이프

◆ **활동과정**

❶ 색 습자지를 찢거나 구기는 등 재료 탐색시간을 갖는다.

❷ 적당한 크기로 색 습자지를 자른다.

❸ 연필에 말아서 주름을 잡았다가 당겨서 빼 준다.

❹ 밑그림을 따라 붙여 준다.

10) 혼합

◆ **활동목표**

❶ 눈과 손의 협응력과 상상력이 발달한다.

❷ 다양한 재료를 통한 감각 경험을 한다.

◆ **활동자료**

가위, 그리기 도구, 여러 종류의 다양한 재료, 색지, 공예용 본드, 하드보드지나 우드락

◆ **활동과정**

❶ 여러 종류의 재료를 탐색하고 분류한다.

❷ 밑그림을 그린다.

❸ 그림에 알맞은 재료를 선택하여 콜라주 한다.

◆ **유의점 및 확장활동**

❶ 잘 붙지 않는 재료는 글루건을 사용한다.

❷ 다양한 재료의 특성을 살려 표현한다.

05

판화와 찍기

판화(printing)는 그림으로 판을 만들고 찍혀지는 간접적인 방법으로 제작된다. 여러 가지 찍는 도구와 방법에 따라서 다양한 표현과 질감의 효과를 발견할 수 있는 표현예술이다.

소재에 따라 활동하는 과정과 찍으면서 나타나는 형태와 색을 보며 디자인 감각이 길러지며 호기심과 흥미를 가지고 제작하는 과정 중에 창의성이 발달된다.

(1) 판화기법의 종류

① **볼록판화** – 볼록판화(relief printing)는 판의 볼록한 부분에 물감을 묻혀 찍는 기법으로 흑백대비로 인해 강하고 선명한 느낌을 준다. 종이판화, 고무판화, 점토판화, 석고판화, 야채판화 등이 있다.

② **오목판화** – 오목판화(intaglio printing)는 판의 오목한 부분에 잉크를 채우고, 강한 압력을 이용해 찍는 기법으로 섬세한 표현에 알맞으며 에칭, 드라이포인트 등이 있다.

③ **평판화** – 평판화(planographic printing)는 석판이나 평평한 면에 잉크나 물감을

묻혀 찍어내는 기법으로 유아에게 무리 없이 할 수 있는 방법으로는 데칼코마니, 마블링, 유리나 책받침 판화 등이 있다.

④ **공판화** – 공판화(stencil printing)는 판에 구멍을 내어 그 위에 물감을 밀어 넣어 찍는 기법으로 스텐실, 실크스크린, 스패터링(spattering, 칫솔이나 분무기 등으로 뿌리기 기법) 등이 있다.

(2) 유아 찍기활동의 기본재료

① **물감의 종류** – 포스터 물감, 마블링 물감, 먹물, 인주

② **찍을 수 있는 도화지** – 흡수성이 좋은 한지, 켄트지, 포장지, 헝겊류 등 판면보다 사방으로 4~5cm 이상 큰 것을 사용한다.

③ **찍기 재료** – 채소류(감자, 당근, 양배추, 피망, 연근 등), 자연물(나뭇잎, 나무껍질, 풀잎, 조개껍데기 등), 신체, 폐품류(휴지속대, 랩 속대, 병뚜껑 등)

④ **기타** – 신문지, 스탬프패드, 롤러, 붓, 물통, 물걸레

(3) 지도과정

찍기활동은 그리는 것뿐만 아니라 새기고, 자르고, 찍고, 긁고, 문지르고, 두드리는 등의 많은 표현활동이 따르며 그 과정에서 미적 체험과 기쁨을 누릴 수 있다. 유아들에게 있어서의 판화는 고차원적인 기법을 요구하기보다는 일상생활 속에서 발견할 수 있는 여러 가지 소재로 재료의 폭을 넓힐 필요가 있다. 커튼이나 벽지, 옷, 포장지 등에서 나타나는 무늬에 대해 관찰하고 토의한 후 여러 가지 재료를 탐색해 봄으로써 재료의 성질과 표현방법에 대해 알게 한다.

활동이 끝난 후 결과에 대해 감상과 비평의 시간을 가지며 결과물을 이용하여 다양하게 활용할 수 있는 방법을 모색한다. 완성된 작품을 보관할 때에는 얼룩을 깨끗이 지우고 작품번호, 제목, 날짜, 이름을 표기하여 파일에 보관한다.

1) 채소 찍기

◆ **활동목표**

채소마다 서로 다른 재질과 무늬가 있음을 알고 찍기활동을 통해 풍부한 감성과 심미감을 기른다.

◆ **활동자료**

켄트지, 채소류(버섯류, 피망, 연근, 당근, 감자, 깻잎, 양배추 등), 물감접시, 플라스틱 칼

◆ **활동과정**

❶ 감자, 당근 같은 채소류는 무늬가 잘 나타나는 방향으로 자르거나 모양을 새긴다.
❷ 접시에 물감을 푼다.
❸ 채소에 물감을 묻혀서 도화지에 찍은 후 나타나는 무늬를 관찰한다.
❹ 연상하여 그린다.

◆ **유의점 및 확장활동**

❶ 채소에 모양을 새길 때에는 교사가 새기도록 한다.
❷ 물감접시에 얇은 스펀지나 부직포 등 패드를 깔아서 작업하면 찍기활동이 용이하다.

2) 회전판화

◆ **활동목표**

여러 가지 찍기 재료의 모양에 따라 굴려서 찍혀 나타나는 모양을 관찰하고 반복 패턴을 경험한다.

◆ **활동자료**

랩 속대, 굵은 실이나 골판지, 포스터 물감, 도화지, 가위, 붓

◆ **활동과정**

❶ 랩 속대 등 딱딱한 소재에 실이나 골판지를 다양한 모양으로 감거나 잘라서 붙인다.

❷ 물감을 칠한다.

❸ 도화지에 굴려서 찍혀 나온 무늬를 감상한다.

◆ **유의점 및 확장활동**

❶ 글자는 반대로 새겨서 붙이도록 한다.

❷ 실이나 골판지 이외에 망사나 올이 굵은 마천, 나뭇잎 등을 이용할 수 있다.

3) 지판화

◆ **활동목표**

판화의 다양성을 알고 붙여진 종이의 가장자리에는 잉크가 묻지 않음을 경험한다.

◆ **활동자료**

롤러, 포스터 물감, 마분지나 두꺼운 도화지, 화선지, 가위, 딱풀

◆ **활동과정**

❶ 마분지나 두꺼운 도화지에 밑그림을 그린 후 자른다.

❷ 다른 종이 위에 잘라놓은 종이를 붙인다.

❸ 롤러에 짙은 색의 포스터 물감을 묻혀서 판에 골고루 칠한다.

❹ 깨끗한 신문지 위에 판을 옮긴 후 도화지나 화선지를 덮어서 판 전체를 문지른다.

❺ 종이를 떼어낸다.

◆ **유의점 및 확장활동**

❶ 종이가 붙여진 가장자리에는 왜 하얗게 표현되었는지에 대해 이야기 나눈다.

❷ 물감의 흡수가 잘 되지 않는 아트지나 마분지, 골판지 등을 이용하고 16절 정도의 작은 종이를 제시하는 것이 오리는 데 부담이 적다.

4) 자연물

◆ **활동목표**

찍기활동을 통해 나뭇잎의 생김새와 잎맥을 관찰할 수 있다.

◆ **활동자료**

도화지, 나뭇잎, 풀 등 자연물, 물감(먹물)

◆ **활동과정**

❶ 나뭇잎, 풀 등 자연물에 물감을 묻힌다.

❷ 도화지에 찍는다.

5) 신체 찍기

◆ **활동목표**

신체 찍기를 통해 나타나는 모양을 관찰하고 자아를 인식한다.

◆ **활동자료**

도화지, 물감, 그리기 도구, 물걸레

◆ **활동과정**

❶ 큰 쟁반에 농도가 짙은 포스터 물감을 잘 풀어 놓는다.

❷ 손바닥이나 발바닥, 지문 등을 물감에 묻혀 찍는다.

❸ 찍은 신체는 깨끗이 씻고 마른 다음 연상하여 그리기를 한다.

◆ **유의점 및 확장활동**

❶ 립스틱을 이용하여 입술 찍기를 할 수 있다.

❷ 점토로 판을 만들어 찍기를 할 수 있다.

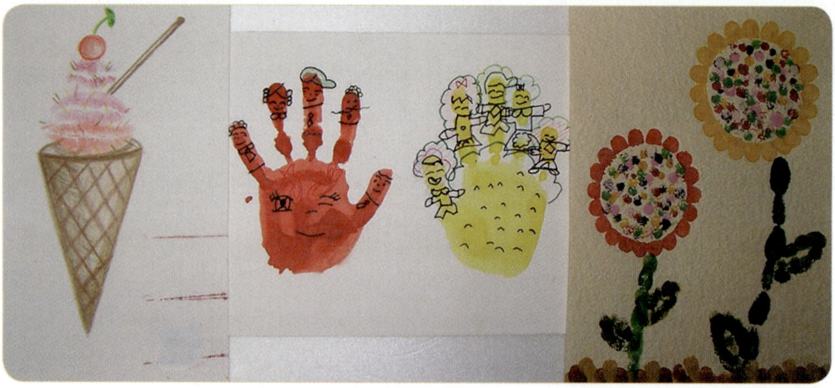

6) 물감 스텐실

◆ **활동목표**

구멍 난 곳에만 채색됨을 안다.

◆ **활동자료**

배경판이 되는 재료(도화지 또는 옷이나 가방, 나무판 등), 도화지, 물감(포스터나 아크릴 물감), 스펀지나 롤러, 팔레트, 신문지, 칼

◆ **활동과정**

❶ 도화지에 밑그림을 그린다.

❷ 칼을 사용하여 밑그림을 따라 오려내어 스텐실 본을 만든다.

❸ 스펀지를 적당한 크기로 자른다.

❹ 스펀지에 물감을 조금만 묻힌다.

❺ 스텐실 본을 떠낼 배경판 위에 올린 후 스펀지로 두드린다.

❻ 스텐실 종이를 떼어내어 완성한다.

◆ **유의점 및 확장활동**

❶ 도안은 교사가 오려 주도록 하며 OHP 필름이나 아세테이트지를 사용하면 여러 번 재사용이 가능하다.

❷ 물감에 물을 가능하면 섞지 않고 짙은 농도로 사용한다.

06

조소

조소는 평면적인 그림과는 달리 양과 공간을 중시하는 입체적인 조형예술이다. 즉, 공간 속에 실재하며 손으로 직접 만지면서 만들므로 양감이나 재질감을 느낄 수 있다. 조소는 단단한 덩어리를 밖에서 안으로 깎아가며 형태를 만드는 조각과 가소성이 있는 물질을 안에서 밖으로 붙여가면서 표현하는 소조로 구분한다.

조소는 형태에 따라 찰흙으로 편평한 판을 만들고 그 위에 찰흙을 붙여서 표현하는 부조, 완전입체로 사방에서 감상할 수 있는 환조, 작품의 여백을 파내어 구멍을 낸 투조, 가느다란 선을 쌓아 올리거나 선을 따라 파 들어가는 선조 등으로 나눈다.

인물을 주제로 한 조소는 표현 부위에 따라 반입체로 얼굴만 나타낸 마스크, 목 위로 머리 전체를 표현한 두상, 가슴까지 표현한 흉상, 허리까지 표현한 반신상, 몸 전체를 나타낸 전신상, 팔 · 다리 · 머리를 생략하고, 몸통만 표현한 토르소 등으로 나눈다.

(1) 점토

점토는 가소성이 풍부한 재료로 뭉치고 파내고 주무르고 굴리고 찔러 보는 등 자유자재로 탐색할 수 있다. 점토로 작업활동하는 동안 손가락 · 손목 · 손바닥 등을 움직이게 되므로 대 · 소근육의 발달시키고, 자연 소재의 냄새와 촉감으로 인해 긴장감이 이완되고 여러 가지 갈등과 욕구 등을 해소시킬 수 있다.

(2) 점토활동의 재료

❶ 점토의 종류

도자기용 흙(청자토, 백자토, 옹기토 등), 컬러점토, 지점토, 톱밥점토, 밀가루 점토 등

❷ 점토활동을 돕는 도구

점토 조각도, 밀대, 점토판, 스펀지, 물통 등

(3) 점토활동의 표현기법

❶ **치기** – 수분이 골고루 분포하도록 점토를 상하좌우로 들었다 내리치기

❷ **굴리기** – 점토 덩어리를 공같이 둥글게 굴리거나 떡가래처럼 바닥을 이용해 중앙에서 바깥쪽으로, 바깥쪽에서 중앙으로 굴리기

❸ **판 만들기** – 손바닥으로 때리거나 점토용 밀대로 밀어서 판 만들기

❹ **나누기**– 점토를 두 덩어리 또는 여러 덩어리로 나누거나 뭉치기

(4) 지도과정

❶ 작업 시 작업용 가운을 입고 책상 위에 나무판이나 장판을 깔아서 준비한다.

❷ 유아가 만들 사물에 대해 토의한 다음 점토를 나누어 주고 재료의 특성이나 유의점, 다양한 표현 가능성을 알려 준다.

❸ 만져 보고 두드려 보고 때려 보는 등 탐색 시간을 충분히 주고 표현한다.

❹ 완성된 작품은 그늘에서 말리고 완전히 마르면 색칠도 해보며 용도나 목적에 따라 가마에 굽기도 한다. 남은 점토는 마르지 않도록 물을 충분히 뿌린 뒤 비닐에 싸서 보관하고 굳은 점토나 점토 조각들은 물에 반죽하면 재사용이 가능하다.

1) 컬러점토 공예

◆ **활동목표**

컬러점토의 탄력성을 경험하고 디자인 감각이 발달한다.

◆ **활동자료**

컬러점토, 점토놀이도구

◆ **활동과정**

① 컬러점토를 주무르며 탐색한다.

② 구상한 형태나 모양을 만든다.

◆ **유의점 및 확장활동**

① 필요한 색은 두 색의 점토를 섞어 만들어 사용할 수 있다.

② 컬러점토로 공을 만들어 튕겨 놀이하거나, 지우개로 사용할 수 있다.

2) 지점토 공예

◆ **활동목표**

지점토의 성질을 경험하고 작품을 만들어 봄으로써 눈과 손의 협응력이 발달한다.

◆ **활동자료**

지점토, 지점토 작업판, 물감, 붓, 바니쉬, 앞치마

◆ **활동과정**

❶ 앞치마를 착용한다.

❷ 자신이 구상한 형태나 모양을 손으로 만들어 형태를 완성한다.

❸ 작품이 완전히 마르면 물감을 이용하여 채색한다.

◆ **유의점 및 확장활동**

❶ 주제에 따라 음료수 병이나 철사를 골격으로 만들어 형태를 나타내는 것이 좋다.

❷ 물감으로 채색한 후, 니스를 칠하면 색깔이 선명해지고 오래 보관할 수 있다.

3) 지점토 모래 스텐실

◆ **활동목표**

가소성 소재인 지점토에 흙이나 모래 등 자연물로 스텐실 하면서 정서적인 안정감을 느끼고 집중력과 디자인 감각을 기른다.

◆ **활동자료**

지점토, 밀대, 가위, 모래(색 모래), 도안지(복사용지나 OHP 필름), 투명 래커

◆ **활동과정**

❶ 밀대로 밀어 여러 가지 모양의 지점토판을 만든다.

❷ 도안지에 형태를 도안해서 오린다.

❸ 지점토 위에 물을 묻힌 후 스텐실 도안을 붙이고, 모래나 색모래를 뿌려서 모래가 지점토에 박히도록 꼭꼭 눌러 준다.

❹ 모래와 종이를 떼어내고 투명 래커를 뿌려서 마감한다.

◆ **유의점 및 확장활동**

❶ 도안을 오릴 때에는 교사가 오려 준다.

❷ 고운 소금과 파스텔 가루를 섞어서 색 소금을 만들어 사용할 수 있다.

4) 밀가루 점토로 만들기

◆ **활동목표**

밀가루 점토의 부드러운 촉감을 경험하고 심미성을 기른다.

◆ **활동자료**

밀가루, 소금, 물, 식용색소나 물감

◆ **활동과정**

① 밀가루에 소금과 식용색소를 넣어 여러 가지 색의 점토를 준비한다.

② 반죽하며 밀가루의 특성을 탐색한다.

③ 구상한 것을 만들어 본다.

◆ **유의점 및 확장활동**

① 밀가루 반죽 시 손에 식용유를 묻히고 반죽하면 밀가루가 손에 묻는 것을 방지할 수 있다.

② 남은 점토는 비닐봉지에 넣어 냉장고에 보관한다.

③ 바닐라향, 딸기향 등 향료나 색소를 넣어 만들 수 있으나, 향기로 인해 점토를 먹지 않도록 주의한다.

5) 찰흙으로 만들기

◆ **활동목표**

찰흙의 성질을 이용하여 자유롭게 만들어 봄으로써 호기심과 협응력을 기른다.

◆ **활동자료**

작업판, 찰흙, 밀대, 점토용 도구

◆ **활동과정**

❶ 흙점토를 가지고 자유롭게 놀면서 점토의 특성에 익숙해지도록 한다.

❷ 각자 구상한 주제에 대해 이야기 나눈 후 만들어 본다.

❸ 그늘에서 말린다.

◆ **유의점 및 확장활동**

동화를 들려준 후 활동할 수 있다.

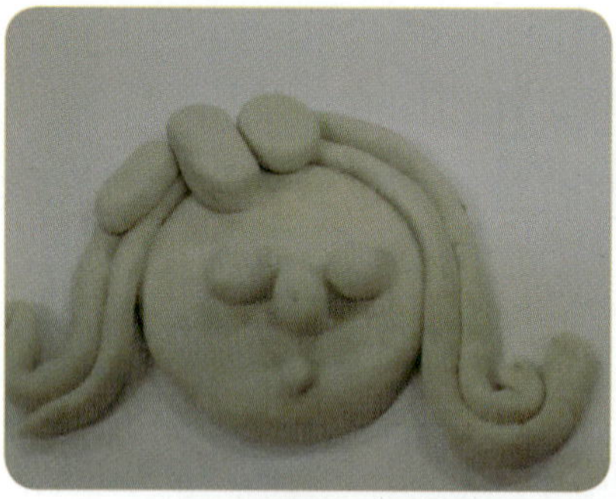

6) 수제종이 뜨기

◆ **활동목표**

새로운 종이를 재창조하는 경험을 가진다.

◆ **활동자료**

휴지, 대야, 종이뜨기 틀, 물기제거용(스펀지나 헌옷, 수건), 다리미

◆ **활동과정**

- 교사 사전 준비 – 같은 크기의 캔버스 틀 2개를 준비하고, 한 개는 양파망이나 모기망을 씌우고 나머지는 씌우지 않는다(폰보드나 EVA로 틀 대체 가능).

❶ 큰 대야에 신문지나 휴지를 잘게 찢어 하루 정도 물에 담가 불리거나 믹서기로 곱게 간다.

❷ 양파망 틀 위에 망이 없는 틀을 올려, 틀 2개를 동시에 잡고 종이를 떠낸다.

❸ 위의 틀을 제거한 후 나머지 틀 속 종이의 물기를 스펀지나 수건 등으로 제거한 후, 눌러서 떼어낸다.

❹ 말린 후 다림질하여 빳빳하게 한다.

◆ **유의점 및 확장활동**

나뭇잎이나 지푸라기 등 자연물이나 실, 물감 등을 섞어 만들 수 있다.

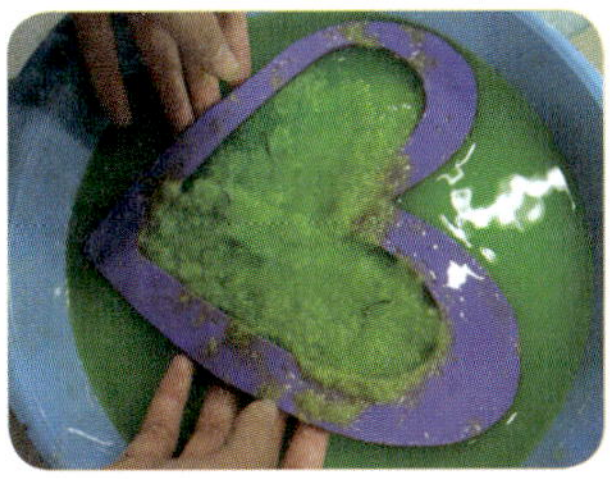
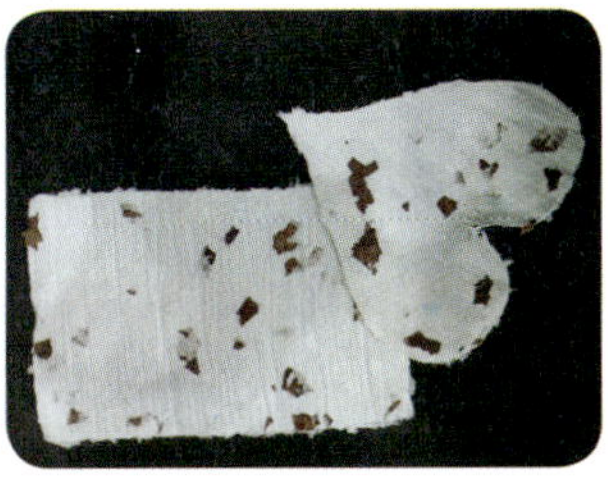

7) 석고붕대로 신체 뜨기

◆ **활동목표**

석고붕대의 성질을 알고 신체 뜨기를 해봄으로써 신체를 보존하는 경험을 갖는다.

◆ **활동자료**

석고붕대, 그리기 도구, 물통

◆ **활동과정**

❶ 석고붕대를 약 3㎝로 자른다.

❷ 자른 석고붕대를 물에 적셔서 손에 바른다.

❸ 붕대의 표면을 문지른다.

❹ 마른 후 떼어내고 색칠한다.

07

직조와 염색

1 직조

직조는 날실과 씨실을 이용하여 천을 짜는 놀이로 미적 감각과 소근육이 발달한다. 또한, 규칙적인 형태를 얻기 위하여 치밀성과 힘의 조절방법 및 여러 가지 색의 실을 조화롭게 엮어 천을 짜 봄으로써 색채 구성 능력과 집중력이 길러진다.

(1) 직조의 재료

❶ 베틀에 해당하는 날실

색지, 잡지, 종이가방, 종이봉투, 빨대, 마분지, 그물망, 석쇠 등

❷ 씨실

색지, 휴지, 신문지, 털실, 리본테이프, 잡지, 지푸라기 등

❸ 직조를 돕는 도구

씨실을 교차하기 쉽도록 넓이에 따라 아이스막대나 다 쓴 볼펜심 등

2 염색

염색은 실이나 천, 종이 등에 무늬와 색을 넣어 물들이는 것을 말한다.

염색의 시초는 자연적인 재료에서 추출한 천연염료로 자연의 재해, 질병 등을 미연에 방지하기 위한 주술적인 용도에서 사용했지만, 현대에는 풍부한 색채감각과 무늬를 이용해 장식과 건강 등의 목적을 갖게 되었다.

(1) 염료의 종류

❶ 천연염료

- 재료 – 생감, 치자, 양파껍질, 심황(한약재), 포도껍질, 쪽, 황토, 도토리 등
- 염색 가능한 직물 – 면, 모시, 삼베, 마 등
- 종이 – 화선지, 종이타월, 냅킨, 물티슈 등
- 기타 – 실, 달걀 등

(2) 염색을 돕는 도구

❶ 매염제

매염제란 염착성이 약한 섬유와 염료의 흡착과 고착을 돕거나 발색이 좋도록 돕는 것을 말한다.

- 매염제의 종류 – 명반, 구연산, 잿물, 철, 동 등

❷ 방염제

방염제란 염료가 침투하지 못하도록 하는 재료로 실, 빵끈, 고무밴드, 시트지, 파라핀 등이 있다.

❸ 그 외 넓은 붓, 냄비, 버너, 다리미 등

(3) 지도과정

옷이나 벽지, 커튼 등 생활 주변에서 경험하게 되는 무늬를 찾아보고 이야기 나눈 후 손쉽게 할 수 있는 염색방법과 재료를 준비한다.

염색의 종류에 따라 필요한 재료나 도구에 대해 탐색하고 사용방법에 대해 설명하거나 시범을 보여 준다. 염색활동이 끝나면 염색한 색이나 무늬 등에 대해 이야기 나눈다.

1) 색지 직조

◆ **활동목표**

색지로 직조한 후 모양을 꾸며보고 변화를 느껴본다.

◆ **활동자료**

색지, 가위, 풀

◆ **활동과정**

❶ 직조과정에 대해 이해한다.

❷ 색지로 직조한다.

❸ 완성된 직조를 잘라서 꾸민다.

2) 종이가방 직조

◆ **활동목표**

기존의 것을 장식하여 재활용하는 경험을 갖는다.

◆ **활동자료**

종이가방, 노끈, 칼, 자

◆ **활동과정**

❶ 종이가방 한 면을 칼을 이용하여 일정한 간격으로 자른다.

❷ 노끈을 이용하여 지그재그로 엮어 표현한다.

◆ **유의점 및 확장활동**

❶ 칼은 날카로워서 유아들이 사용하기에는 위험하므로 교사가 직접 칼집을 내도록 한다.

❷ 노끈의 앞부분 올이 풀리면 끼우기가 어려우므로 셀로판테이프로 감싸 준다.

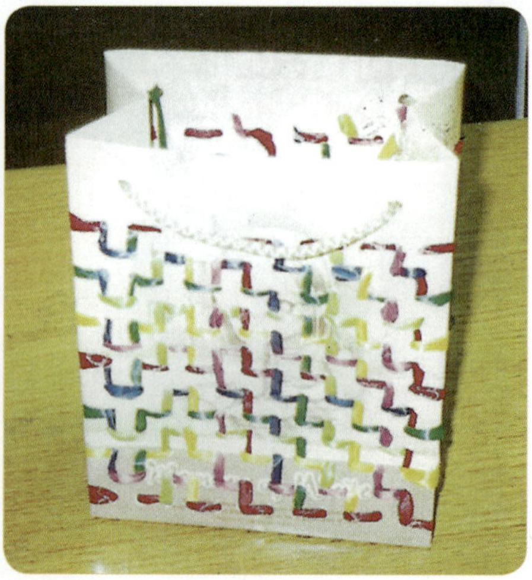

3) 과일 보호망 직조

◆ **활동목표**

주변에서 볼 수 있는 자료를 활용하여 직조함으로써 성취감을 느낀다.

◆ **활동자료**

과일 보호망, 과자 상자, 리본끈, 레이스, 구슬, 접착제

◆ **활동과정**

❶ 과자 상자에 색지를 붙인다.

❷ 과자 상자에 과일 보호망을 씌운다.

❸ 리본끈을 과일 보호망 사이사이에 엮어 표현한다.

❹ 레이스나 구슬을 이용하여 꾸민다.

◆ **유의점 및 확장활동**

과일 보호망은 촉감이 좋고 신축성이 있어 유아들이 직조활동하기에는 쉬운 재료이며 연필꽂이로 활용할 수 있다.

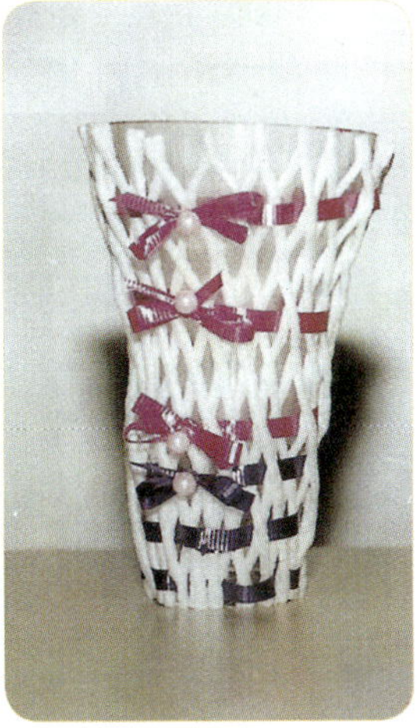

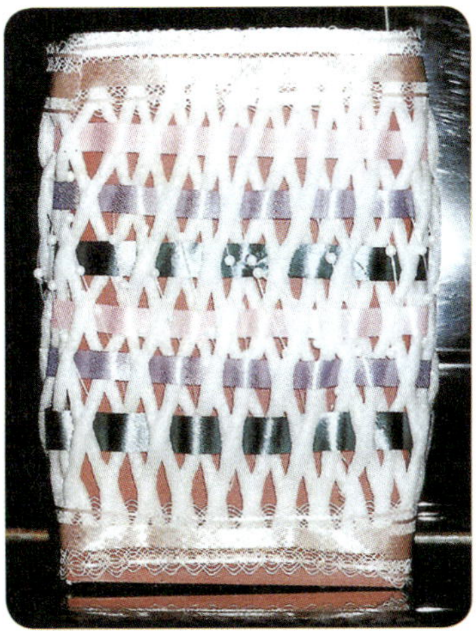

4) 천연물감 만들기

◆ **활동목표**

주변에서 흔히 볼 수 있는 식물의 잎이나 꽃, 열매, 흙 등으로 천연물감을 만들 수 있다.

◆ **활동자료**

식물(풀, 꽃, 잎, 열매 등), 절구, 접시

◆ **활동과정**

❶ 자연의 색을 감상한 후 색을 만들어 낼 수 있는 풀이나 열매를 찾아본다.
❷ 색깔대로 열매나 꽃, 풀을 모아 절구에 물을 조금 넣고 찧어서 즙을 낸다.
❸ 치자나 양파껍질 등 마른 식물은 고운망에 넣어서 물에 끓인다.

◆ **유의점 및 확장활동**

❶ 편평한 돌 위에 찧을 수 있다.
❷ 찧어서 즙을 낸 물감의 색과 찧기 전의 식물 고유색과의 차이, 시판되고 있는 물감과 천연물감의 차이 등을 비교하여 이야기 나눈다.
❸ 한지나 종이타월 등 흡수성이 좋은 종이를 여러 형태로 접어 염색해 본다.

5) 홀치기 염색

◆ **활동목표**

흰색 천에 물들이는 경험을 통하여 색이 만들어지는 과정과 패턴을 학습한다.

◆ **활동자료**

면, 염료, 방염제(실, 고무밴드, 빵끈 등), 매염제(명반 등), 다리미

◆ **활동과정**

❶ 침염하기 전 풀기 있는 천은 물로 씻어서 사용한다.

❷ 어떤 무늬로 염색할 것인가를 계획한 후 고무밴드나 빵끈으로 천을 묶는다.

❸ 물이 끓으면 염료와 매염제를 넣어서 식힌다.

❹ 홀치기한 천을 침염하여 주무른다.

❺ 흐르는 물에 살짝 씻는다.

❻ 방염제를 풀고 말린 후 다림질한다.

◆ **유의점 및 확장활동**

❶ 염색이 선명하지 않을 때에는 위 ❹~❺번 과정을 반복한다.

❷ 치자나 양파껍질은 매염제를 사용하지 않아도 염색이 잘 된다.

❸ 홀치기 시 쌀이나 작은 돌멩이를 넣어 묶어 주면 다양한 무늬가 생긴다.

6) 색종이 염색

◆ **활동목표**

디자인 감각 및 소근육이 발달한다.

◆ **활동자료**

색종이 염료, 면천, 다리미, 가위, 신문지

◆ **활동과정**

❶ 원하는 색깔의 염색지를 고른 후 염색지 뒷면에 밑그림을 그리고 가위로 오린다.

❷ 오린 염색지를 천 위에 뒤집어서 놓은 후 종이 염료의 위치가 보여 다림질이 용이하도록 종이포일을 덮어서 다림질한다.

❸ 다리미로 약 30~40초 동안 고온에서 힘껏 다려 준다.

❹ 다림질 후 종이를 걷어 완성한다.

◆ **유의점 및 확장활동**

❶ 다리미의 열이 약하거나 눌러 주는 압력과 시간이 충분하지 않을 때 염착이 안 될 수 있다.

❷ 면으로 된 옷이나 가방에 염색할 수 있다.

❸ 세탁 시 뒤집어서 세탁망에 넣고 열에 약하므로 찬물에 세탁한다.

7) 전사 염색

◆ **활동목표**

체험을 통해 다양한 염색기법이 있음을 안다.

◆ **활동자료**

전사 염료(염색용 크레용이나 염색물감), 복사용지, 붓, 폴리에스테르 천, 다리미

◆ **활동과정**

❶ 복사용지에 밑그림을 그린다.

❷ 전사 크레용이나 물감염료로 채색한다.

❸ 그림 위에 천을 올려놓고 고온에서 다림질한다.

◆ **유의점 및 확장활동**

글씨는 반대로 쓰고 다림질 시 유의한다.

08

각종 공예 및 폐품 공예

1 각종 공예

유아들은 여러 가지 자료를 이용해 3차원적 입체로 표현하는 과정을 통해 재료가 주는 호기심이나 흥미가 유발될 수 있다. 또한, 자료 탐색을 통해 활동이 끝날 때까지 각 자료가 가지는 특성이나 사용 용도 방법 등에 대한 크고 작은 의문이 제기될 수 있고 조립과 분해, 합성, 절단 등의 활동을 통해 재료에 대한 지배 능력과 표현 능력이 발달할 수 있다.

(1) 재료

❶ **선재** – 실, 노끈, 철사, 젓가락, 피복동선, 모루, 성냥개비 등

❷ **면재** – 종이류, 나무판, 철판, 헝겊, EVA, 플라스틱, 우드락, OHP 필름 등

❸ **양재** – 흙, 나무, 돌, 박스, 플라스틱 등

❹ 그 외 폐품류, 자연물 등

(2) 지도방법

구상한 형태를 만들기 전 각 재료에 대한 충분한 탐색이 이루어진 후 작업에 들어가도록 한다. 너무 많은 재료를 한꺼번에 주어 부담감을 느끼지 않도록 하고 유아발

달에 적합한 재료와 경제성을 고려할 필요가 있다.

입체조형은 전체와 부분의 어울림이나 색, 크기, 질감 등이 조화를 이루도록 하며 형태 사이의 균형이나 안정감이 느껴지도록 지도한다.

작품이 완성되면 작품에 대해 이름을 짓거나 만들기할 때 유의점 등에 대해 이야기 나눈 후 전시할 수 있도록 한다.

2 폐품 공예

유아들에게 공예활동에 필요한 재료는 어떤 재료이든 유용하게 쓰일 수 있다. 특히 버려지는 천조각이나 우유팩, 요구르트병, 빨대, 나무젓가락 등의 폐품들을 이용하면 재활용의 경험과 환경에 대한 의식을 높일 수 있는 좋은 기회가 된다.

폐품은 유아발달에 적합한 재료와 도구를 제시해 주고 깨끗이 씻어 말려서 위생적으로 제공하거나 안전성과 경제성을 고려하여 제시한다.

협동작품은 한 점의 작품을 여러 사람이 상호 협력하여 토론하고 계획하며, 작품을 완성하는 제작방법이다. 협동작품은 작품의 결과보다 과정에서 서로의 의견을 존중하고 협력하며 개개인의 인격과 개성을 존중하는 데 목적이 있으며 사회성이 길러지는 계기가 된다.

(1) 재료

- 폐품 – 요구르트병, 우유팩, 음료수병, 달걀판, 상자류, 빨대, 헌 장갑이나 양말, 컵라면 통, 병뚜껑, 휴지속대, 아이스막대, 다 쓴 화장품 용기, 기계부속품, 헌 우산, 헌 장난감, 각종 플라스틱병 등

(2) 지도과정

폐품의 기능과 특성을 알고 유아 스스로 사고와 상상, 선택할 수 있는 분위기를 조성한다. 특히 창의적인 사고와 의사결정능력, 자발적 활동을 위해 교사들의 작품이나 복사 모델은 제시하지 않도록 한다. 협동작업은 재료를 서로 나누어 사용하고 서로의

작품에 대해 이야기해 보며, 계획을 세울 때 자기의 의견을 제시하고 남의 의견을 듣도록 한다. 잘 모르는 친구나 동생들의 작업활동을 도와주며 작업을 마친 후에는 작품에 대한 서로의 느낌이나 생각을 이야기한 후 전시할 수 있게 한다(임현욱, 2002).

1) 선 공예 롤러코스터

◆ **활동목표**

❶ 롤러코스터의 용어와 기능에 대해 안다.

❷ 색철사와 컬러점토로 모형을 만들어 놀이해 봄으로써 색깔과 수, 질서, 규칙 등에 대한 이해와 3차원의 공간개념을 형성할 수 있다.

◆ **활동자료**

우드락, 컬러점토, 와이어(색철사), 송곳

◆ **활동과정**

❶ '롤러코스터'의 여러 가지 시각적인 자료를 통해 용어에 대한 개념과 특성 등에 대해 알고 이야기 나눈다.

❷ 와이어를 구부려 보거나 감아보기 등 다양한 탐색 후 선을 구성한다.

❸ 컬러점토를 구슬 크기 정도로 둥글게 빚은 후 송곳으로 구멍을 크게 뚫어 말린다.

❹ 말린 구슬점토를 와이어에 끼운다.

❺ 구슬점토를 끼운 와이어를 우드락 양쪽 끝에 끼운 후 빠지지 않도록 고정시킨다.

◆ **유의점 및 확장활동**

❶ 송곳은 교사가 사용하며 안전에 각별히 유의한다.

❷ 와이어 이외에 피복동선, 빵끈, 모루 등으로, 점토 외에 스티로폼, 빨대 등으로 활용할 수 있으며, 점토로 구슬을 빚을 때에는 획일적인 구슬 모양이 아니라 △ ㅁ ♡ 모양 등 다양한 모양으로 빚어 볼 수 있다.

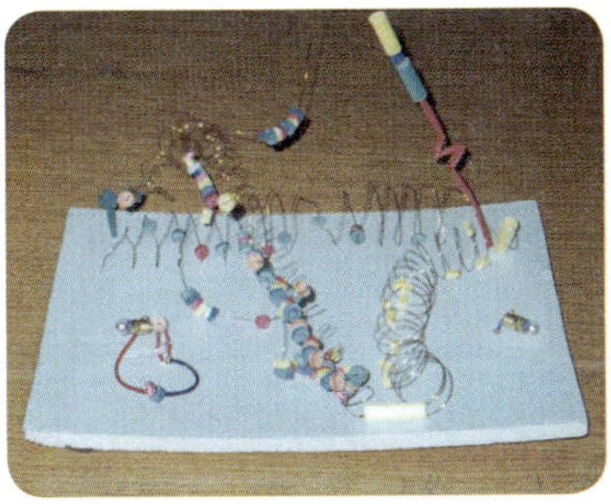
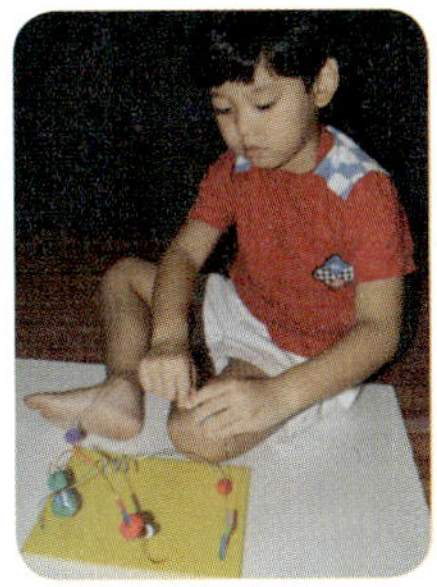
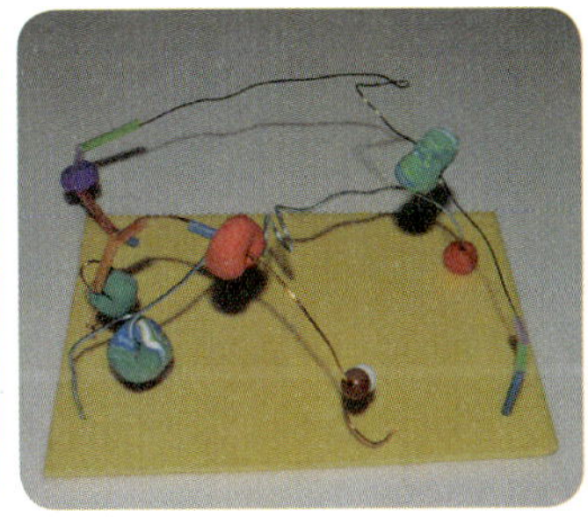

2) 테이프 선 구성 그림

◆ **활동목표**

❶ 검은색 테이프를 이용하여 자유롭게 선을 구성하여 보고 선이 만나 면이 됨을 안다.

◆ **활동자료**

컬러 종이 테이프, 가위

◆ **활동과정**

테이프를 바닥에 붙여서 자유롭게 구성한다.

◆ **유의점 및 확장활동**

❶ 작품보존을 위해서는 바닥에 비닐이나 종이전지를 깔고 작업할 수 있다.

❷ 몬드리안의 작품을 감상 후 연계하여 표현할 수 있다.

3) 자연물 공예

◆ 활동목표

자연물의 이름과 특징, 색 등을 알고 구성능력을 기른다.

◆ 활동자료

자연물(솔방울, 풀, 나뭇가지 등)

◆ 활동과정

❶ 자연물을 관찰하며 탐색한 후 그 이름과 특성에 대해 이해한다.

❷ 무엇을 만들 것인지 구상한 후 자연물의 특성을 살려 만든다.

◆ 유의점 및 확장활동

자연물의 독성이나 위험성 등 안전에 대해 유의한다.

4) 동화 연계 공예

◆ **활동목표**

동화를 듣고 연계하여 창작해 봄으로써 상상력을 기른다.

◆ **활동자료**

동화 내용을 표현할 여러 가지 재료

◆ **활동과정**

동화의 내용에 따라 인상깊었던 장면을 자유롭게 표현한다.

5) 스트링아트(String art – 끈 구성 예술)

끈으로 점과 점을 연결하여 직선으로 이미지를 구성하는 예술

스트링아트(String art)

끈으로 점과 점을 연결하여 직선으로 이미지를 구성하는 예술

◆ **활동목표**

여러 가지 끈이나 실로 구성해 봄으로써 집중력이 길러진다.

◆ **활동자료**

나무판, 못, 끈 종류(모루, 빵끈, 고무줄, 실, 리본테이프 등)

◆ **활동과정**

❶ 복사용지에 단순한 도안을 그린다.

❷ 나무판에 도안을 올리고 못을 박는다.

❸ 실로 감기한다.

❹ 나무판에 실이나 끈 종류로 구성한다.

◆ **유의점 및 확장활동**

❶ 못을 박을 때 못 길이는 나무두께에 맞는 것으로 조정하고 교사가 못을 박거나 교사 지도하에 안전하게 못을 박는다.

❷ 연령에 따라 못박기가 힘든 유아는 폰보드나 두꺼운 eva를, 못 대신 나사나 할핀을 사용할 수 있다.

실 구성

고무줄 구성

색철사 구성

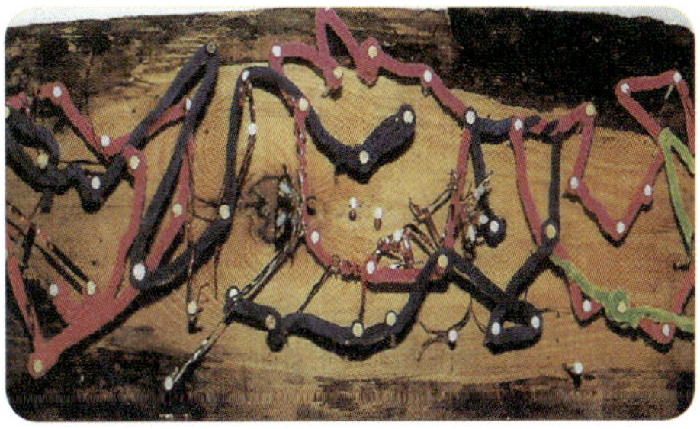

모루 구성

실 구성

한지 꼬아 구성

6) 풍선 공예

◆ **활동목표**

풍선을 이용하여 다양한 표현을 즐긴다.

◆ **활동자료**

풍선과 꾸미기 재료

◆ **활동과정**

구상하고자 하는 주제의 종류에 따라 풍선을 선택하여 다양하게 표현해 본다.

7) 전통 물건 공예

◆ **활동목표**

전통물건을 만들어 봄으로써 우리나라 고유의 물건에 관심을 가지고 사용 용도에 대해 알 수 있다.

◆ **활동자료**

전통 물건과 관계된 다양한 재료

◆ **활동과정**

❶ 우리나라 전통 물건에 대해 이야기 나눈다.

❷ 전통 물건의 특성을 살려서 재료를 찾아보고 만들어 본다.

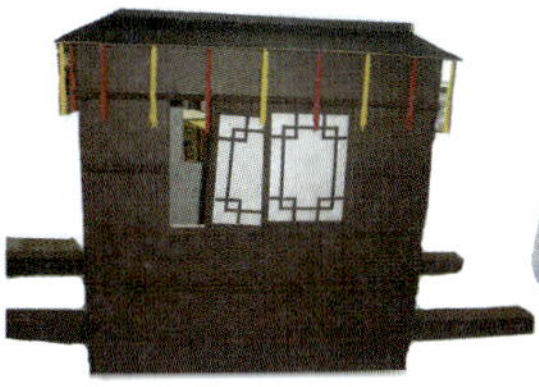

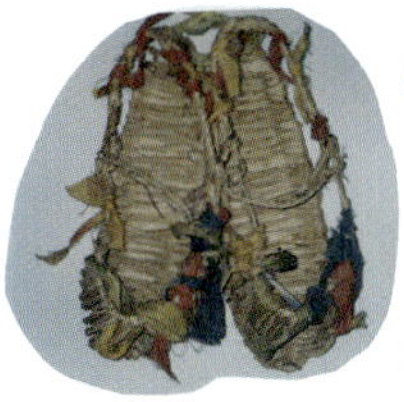

8) 골판지 공예

◆ **활동목표**

골판지 감기를 통하여 균형감각과 눈과 손의 협응력을 기른다.

◆ **활동자료**

띠 골판지, 가위, 접착제(공예용 본드나 글루건)

◆ **활동과정**

❶ 골판지를 길게 자른다.

❷ 자른 골판지를 감아서 고정한다.

9) 나무젓가락 놀이

◆ **활동목표**

주변에서 쉽게 구할 수 있는 나무젓가락으로 놀이하며 자유롭게 만들어 볼 수 있다.

◆ **활동자료**

나무젓가락이나 아이스 막대

◆ **활동과정**

❶ 나무젓가락(아이스막대)으로 자유롭게 구성놀이해 본다.

❷ 나무젓가락을 염색하여 사용할 수 있다.

10) 종이컵 조형

◆ **활동목표**

주제에 따라 종이컵으로 조화롭게 구성해 보는 경험을 한다.

◆ **활동자료**

종이컵, 꾸미기 재료

◆ **활동과정**

종이컵으로 자유롭게 구성놀이해 볼 수 있다.

3부

영유아 명화감상의 실제

1장 영아를 위한 명화감상 지도

1. 그래피티 아트(graffiti art)
2. 샤갈 〈생일〉
3. 신사임당 〈초충도〉
4. 잭슨 폴록 〈액션 페인팅〉
5. 장욱진 〈자동차가 있는 풍경〉
6. 쇠라 〈서커스〉
7. 리차드 롱 〈대지미술〉

2장 유아를 위한 명화감상 지도

1. 이응노 〈문자추상〉
2. 단원 김홍도의 풍속화 〈서당〉
3. 이만익 〈가족도〉
4. 고흐 〈자화상〉
5. 르느와르 〈책 읽는 소녀〉
6. 에른스트 〈잎사귀의 버릇〉
7. 기를란다요 〈목자의 경배〉

영아를 위한
명화감상 지도

01

그래피티 아트
(graffiti art)

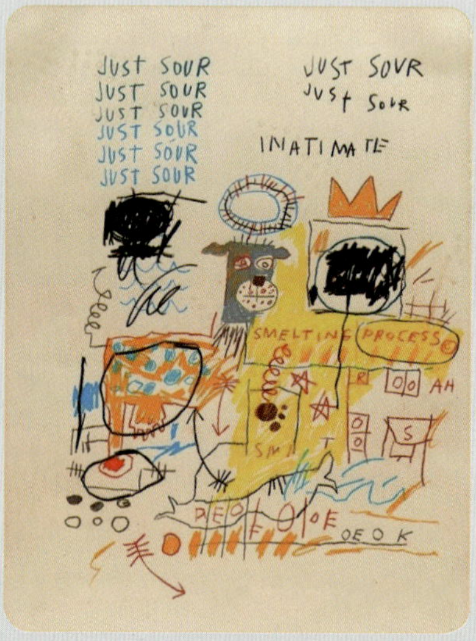

그래피티 아트(graffiti art)

도시의 건축물이나 거리의 벽, 지하철 등에 긁거나 스프레이 페인트를 이용해 그리는 낙서 같은 그림이나 문자를 말한다. 1960년대 말 뉴욕의 브롱크스 거리에서 시작되어 전 세계로 빠르게 확산되었다.

◆ **활동목표**

① 그래피티 아트의 의미와 유래에 대해 안다.

② 자유로운 낙서를 통해 욕구를 표출한다.

◆ **활동자료**

놀이옷, 바닥 깔개용 비닐, 모조전지, 물감, 접시, 그리기도구, 붓, 대용 붓(편백잎 등 나뭇잎, 수수 붓, 칫솔, 플라스틱 빗 등), 음악

◆ **활동방법**

도입과정

- 그림 속에 무엇이 보이니?
- 어디에 그린 것일까?
- 몇몇 화가들은 낙서모임을 만들어서 길거리에 나가 스프레이(래커)나 페인트로 지하철이나 벽에 마구마구 낙서를 했대요. 그래서 어떻게 되었을까? 네~ 경찰에게 잡혀가기를 여러 번 했답니다. 친구들 벽에 낙서하면 될까요? 안 된다구요? 글쎄~ 그런데 일부 사람들은 낙서를 보고 신기하게 생각해서 좋아하는 사람들이 많이 생겨났답니다. 바스키아(1960~1988, 미)나 키스 해링(1958~1990, 미)은 길거리의 낙서 때문에 아주 아주 유명해졌고, 낙서를 예술로 승화시킨 낙서 화가로 불린답니다. 우리도 오늘 낙서 화가처럼 마음껏 낙서놀이해 볼까요?

활동과정

① 그래피티 아트 작품을 보며 이야기 나눈다.

② 크레파스, 물감 등 표현 매체를 스스로 선택한다.

- 어떤 재료로 표현해 볼까?

③ 선택한 매체를 자유롭게 탐색한다.

- ○○는 칫솔을 선택했구나. 칫솔모를 만져보자. 느낌이 어떠니?

④ 자유롭게 낙서놀이한다.

- ○○는 빨강색으로 뾰족뾰족 선을 그었구나.
- ○○는 수수붓으로 얼굴을 그렸구나.
- 일반 붓과 어떤 차이가 있니?

⑤ 정리하고 표현한 작품을 보며 소감을 나눈다.

- 마음껏 낙서하고 나니 기분이 어떠니?
- 친구들의 작품에 제목을 붙인다면?

◆ 기타 및 유의점

① 활동하는 동안 다양한 장르의 음악을 틀어주고 음악의 리듬을 타며 그려볼 수 있다.

② 날씨가 맑은 날 실외에서 페트병 뚜껑에 송곳으로 구멍을 뚫거나 분무기에 색 물감을 담아 뿌리며 놀이를 즐길 수 있다.

02

샤갈
〈생일〉

마르크 샤갈(1887~1985)

마르크 샤갈(Marc Chagall)은 러시아에서 출생하여 비록 가난했지만, 미술을 공부하며 비교적 행복한 유년기를 보냈다. 이후 샤갈은 파리로 건너가 야수주의, 입체주의 등 새로운 작업방식에 영향을 받아 환상적이고 공상적인 요소가 지배적인 독창적인 예술세계를 만들어 냈다. 눈부신 색채로 시적인 호소력을 담아 상징적이고 미학적인 이미지를 구현하며 초현실주의의 선구자가 되기도 하였다. 하지만, 샤갈은 자신의 작품이 비이성적인 꿈을 그린 것이 아니라 실제의 추억들을 그린 것이라고 했다.

◆ **활동목표**

① 먹을 수 있는 재료로 생일 케이크를 만들 수 있다.

② 과채류를 자르고 꽂아보며 눈과 손의 협응력을 기른다.

◆ **활동자료**

토마토, 바나나, 오이 등 과채류, 접시, 꼬치, 도마, 플라스틱 칼

◆ **활동방법**

도입과정

- 두 사람은 무엇을 하고 있니?
- 그림에 이상하게 느껴지는 것은 무엇이니?
- 친구들은 기분이 날으는 듯 기쁜(행복한) 적이 있었니?
- 두 사람은 서로 무어라 말할까?
- 이 작품은 샤갈이 사랑하는 벨라와의 결혼을 앞두고 맞이한 생일날의 기쁘고 사랑스러운 기억을 그린 것이랍니다. 그녀가 방으로 들어오던 순간 가슴이 두근두근 설레고 들뜬 마음을 표현하고 있어요. 감미로운 색채와 움직이는 듯한 인물의 선, 곳곳의 장식적인 무늬들이 행복했던 샤갈의 그날 기분을 말해주는 듯하지요.
- 우리 친구들은 어떨 때 제일 기분이 좋았나요? 과채류로 생일 케이크를 만들어 보아요

활동과정

① 영아는 손을 씻고 앉는다.

② 토마토, 바나나, 오이 등 과채류를 스스로 선택하여 적당한 크기로 자른다.

- OO는 오이를 선택했구나. 오이는 어떤 냄새가 나니?

③ 꼬치에 끼워 장식한다.

④ 정리 후 만든 케이크를 보며 이야기 나눈다.

- 이 케이크를 누구와 먹고 싶니?

◆ 기타 및 유의점

① 과채류는 깨끗이 씻어서 제공한다.

② 생일 노래를 불러본다.

(4세 여)

03

신사임당
〈초중도〉

신사임당(1504~1551)

사임당은 이름이 아니라 호이며 옛날 여인들은 혼인을 하게 되면 이름을 부르지 않아 이름이 전해지는 경우가 드물다. 조선시대를 대표하는 시인이자 화가로 율곡 이이의 어머니이다.

◆ 활동목표

① 자연물로 콜라주해 봄으로써 심미감을 누린다.

◆ 활동자료

도화지, 풀잎, 나뭇잎 등 자연물, 풀

◆ 활동방법

도입과정

- 무슨 꽃일까?
- 어떤 곤충이 그려져 있니? 몇 마리가 그려져 있니?
- 보여지는 색을 말해볼까?
- 너희가 이 자리에 있다면 어떤 소리가 들릴 것 같니?
- 어느 계절일까?

'초충도(草蟲圖)'란 풀과 벌레를 그린 그림을 말해요.

신사임당은 모두 여덟 폭으로 이루어진 병풍 그림을 그렸답니다.

여덟 폭의 초충도 중 이 작품은 '원추리와 매미'를 그린 것이에요. 원추리라는 꽃은 망우초라고도 불리는데 가정에 걱정이 없이 평안하길 바라는 의미랍니다. 그림에서 매미를 찾았나요?

매미는 다섯 가지 덕목을 지닌 군자를 상징하지요. 지금 이 계절에는 어떤 꽃과 풀, 그리고 곤충을 만날 수 있나요? 오늘은 밖에서 볼 수 있는 풀과 나뭇잎, 꽃잎 등의 향기도 맡아보고 자연물로 자유롭게 표현해 보아요.

활동과정

① 풀과 나뭇잎, 꽃잎 등 자연물을 탐색한다.

- 이름은 뭘까?
- 냄새를 맡아보자.

- 이 꽃은 무슨 색이니?
- ○○는 초록색의 풀을 잡고 후~ 후~ 불어보고 있구나.

❷ 탐색한 자연물로 자유롭게 표현해 본다.

- ○○는 노랑색 꽃을 선택해 꾸몄구나.

❸ 완성된 작품을 보며 이야기 나눈다.

- 신사임당의 작품과 친구들의 작품을 비교해 보자.
- 어떤 점이 비슷하니? 다른 점은 무엇이니?

◆ **기타 및 유의점**

❶ 실외에서 바닥에 자연물로 표현해 볼 수 있다.

❷ 작품 속에 있는 곤충과 식물을 찾아 도감을 만들어 볼 수 있다.

04

잭슨 폴록

〈액션 페인팅〉

잭슨폴록 (1912 ~56)

미국 와이오밍 주 코디에서 태어난 잭슨 폴록은 미술의 중심이 유럽에서 미국으로 옮겨지는 시기에 액션 페인팅이라는 낯설고 새로운 영역을 개척하며 추상표현주의를 이끌었다. "새로운 요구는 새로운 기법을 필요로 한다"고 주장하며 이젤, 팔레트, 붓과 같은 전통적인 회화 도구들을 팽개치고 화실로 개조한 헛간 마루에 캔버스를 펼쳐두고 상업용 물감을 붓거나 튀기고, 흩뿌리며 몸 전체로 작업하는 '드리핑 기법'을 창조하였다.

◆ **활동목표**

❶ 다양한 미술의 장르에 대해 알고 창작의 기쁨을 누린다.

❷ 액션 페인팅에 대해 알고 움직임으로 그림을 표현할 수 있다.

◆ **활동자료**

상자류, 구슬, 그릇, 숟가락, 도화지, 물감

◆ **활동방법**

도입과정

- 어떤 방법으로 그린 것 같니?
- 어떤 선들이 보이니? 이 선들의 움직임을 손가락으로 따라가 볼까?
- 친구들이 화가 아저씨처럼 그린다면 어떻게 그려볼 수 있을까?

친구들은 이 작품을 보니 어떤 생각이 드나요?

"에이~ 이런 그림은 나도 그리겠다."

아니면 "와~우 어떻게 이런 방법으로 그릴 생각을 했을까!"

잭슨 폴록은 예전에 그림 그릴 땐 "아~ 꽃을 그렸구나. 저 그림은 나무를 그렸네. 라며 단번에 무엇을 알아볼 수 있도록 그림을 그렸었어요. 그런데 어느날 폴록 아저씨는 바닥에 캔버스 천을 깔고 페인트통을 집어던지기도 하고, 붓에 물감을 듬뿍 묻혀 뿌리기도 하고, 물감통에 구멍을 뚫어 떨어뜨리기도 했답니다.

이렇게 움직여 가며 하는 작품 활동을 액션 페인팅이라고 말해요.

오늘은 우리도 폴록 아저씨처럼 붓이 아닌 다른 방법으로 그림을 표현 보아요.

활동과정

❶ 빈 상자나 트레이에 도화지를 깐다.

❷ 물감에 담근 구슬을 상자에 넣어 움직여 본다.

❸ 구슬 굴린 도화지를 상자에서 뺀다.

④ 물감이 지나간 자리가 어떻게 되었는지 이야기 나눈다.

- ○○의 종이에 빨강색, 파랑색의 줄이 거미줄처럼 얽혀있구나.

◆ 기타 및 유의점

① 물감의 농도를 조절에 유의한다.

② 약병에 담긴 물감을 흘리거나 뿌리기, 페트병에 구멍 뚫어 물감 흘리기, 롤러로 굴리기, 장난감 자동차 바퀴 굴리기 등 다양한 방법으로 액션 페인팅해 본다.

05

장욱진
〈자동차가 있는 풍경〉

장욱진(1917~1990)

화면을 구성하고 있는 요소들을 나열해 놓은 듯 평면적이면서도 동화 같은 표현으로 그림을 그렸다. 주변에서 흔히 볼 수 있는 시골 환경이나 가족, 소, 새, 아이들, 자전거 등 소박하고 친근한 일상적인 소재를 마치 아이들이 그린 것 같이 대담하고 간결한 구도로 그려 동심적이면서도 해학적인 느낌을 전달한다.

◆ **활동목표**

❶ 교통수단에 대해 관심을 가진다.

❷ 대칭과 균형에 대한 미술의 원리에 대해 안다.

◆ **활동자료**

물감, 도화지

◆ **활동방법**

도입과정

- 무엇이 보이는지 이야기해 볼까?
- 그림의 중앙에는 무엇이 그려져 있니?
- 이곳에는 어떤 소리가 들릴 것 같니?
- 가장 가깝게(멀리) 그려진 것은 무엇이니?
- 어느 계절일까?

화가 아저씨의 그림에는 시골이나 까치, 나무, 자동차, 자전거 등의 풍경이 자주 등장하는데 어떤가요? 우리 친구들이 그린 그림과 비슷하지 않은가요? 그림에서 왼쪽과 오른쪽의 똑같은 위치에 있는 것을 찾아보세요.

집과 자동차를 중심으로 아래쪽에는 나무가, 위쪽에는 집과 나무가, 아래의 집에는 양쪽 창문이 같은 위치에 그려져 있네요. 그림을 세로로 반을 접어볼까? 같은 위치에 그려진 것이 맞나요? 이렇게 좌우의 모습이 서로 같은 모습을 띠며 균형을 이루어 안정감을 주는 조형 원리를 대칭이라고 해요.

도화지에 물감을 한쪽에만 바르고 종이를 반으로 접었다가 펼치면 대칭적 무늬가 나타나는데 이러한 그림표현 방법을 데칼코마니라고 해요. 오늘은 데칼코마니 방법으로 대칭적인 표현을 해 보아요.

활동과정

❶ 도화지에 물감을 한쪽에만 바른다.

❷ 도화지를 반으로 접었다가 펼친다.

❸ 우연히 생겨난 대칭적 무늬를 보며 이야기 나눈다.

- ○○의 그림은 하얀색과 빨간색이 섞여서 분홍색이 되었구나.
- 무엇처럼 보이니?

◆ 기타 및 유의점

❶ 물감이 마른 후 연상 그림 그릴 수 있다.

❷ 도화지의 반을 접는다. 접은 도화지의 반쪽에 기본 도형 색종이를 잘라 붙여서 제시하고, 유아가 똑같은 색깔과 모양의 색종이를 찾아 붙이는 활동을 해 봄으로서 대칭의 개념을 이해할 수 있다.

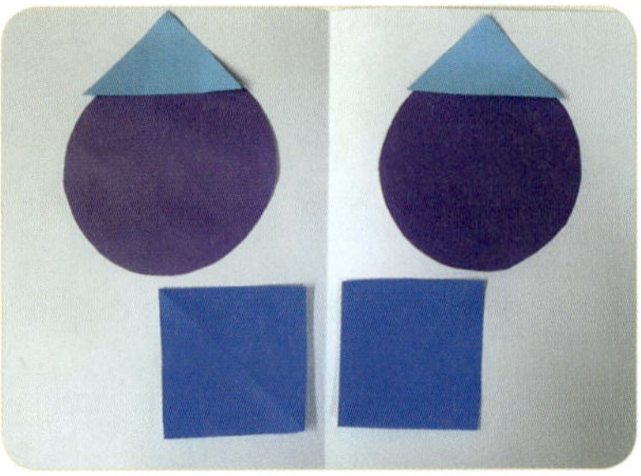

06

쇠라

〈서커스〉

쇠라(1859~1891)

쇠라는 신인상주의 미술을 대표하는 화가로 무수한 점을 찍어서 형태와 색채를 만들어 화면을 가득 메우는 점묘 화법의 창시자이다. 순색의 작은 색 점들을 캔버스 전체에 찍어가며 형태를 완성해 가는 방식으로 색채원리를 과학적으로 체계화하였다. 색을 나란히 배치함으로써 팔레트에서 색을 혼합하는 것보다 더 밝고 부드러운 색채로 보이게끔 했다. 후두염에 걸려 마지막 작품인 서커스를 완성하지 못하고 32세의 젊은 나이에 사망하였다.

◆ **활동목표**

❶ 쇠라의 작품세계를 알 수 있다.

❷ 점을 찍어서 그릴 수 있다.

◆ **활동자료**

물감, 도화지, 면봉, 물감 접시

◆ **활동방법**

도입과정

- 무엇이 보이니?
- 어떤 색깔이 칠해져 있니?
- 어떤 방법으로 그렸을까?
- 사람들은 무엇을 하고 있을까?
- 작품의 배경은 어디일까?

쇠라 아저씨는 붓을 이용하지 않고 모래알 같이 작은 점을 찍어서 그림을 그린 최초의 화가랍니다. 친구들도 오늘은 점을 찍어 그림을 그려보아요.

활동과정

❶ 자유롭게 그림을 그린다.

- ○○는 세모와 네모를 그렸구나.

❷ 면봉에 물감을 묻혀서 점을 찍어 표현한다.

◆ **기타 및 유의점**

❶ 동그라미 모양의 스티커로 표현할 수 있다.

07

리차드 롱
〈대지미술〉

리처드 롱 [Richard Long, 1945~]

영국을 대표하는 전위미술가로서 개념미술, 대지미술, 조각 등의 영역에서 활동하였다. 1967년부터 자연을 훼손하지 않고 보존하면서 자연을 벗 삼아 걷거나 영국 전역과 세계 곳곳을 돌면서 현지에서 얻은 돌멩이나 진흙, 나뭇가지 등으로 작품을 표현하였다. 작품에는 주로 길의 형태나 원초적인 원의 이미지가 등장하는데, 이러한 작업은 다양한 경치와 조화를 이루는 자연스러운 형태로 만들어 사진으로 기록하였다. 이는 자연을 자신의 예술적 이미지로 삼고 자연 속에 남겨진 흔적을 통해 인간과 자연과의 만남에 관한 기록자의 역할을 일구어 나가려는 의도가 있다.

◆ 활동목표

❶ 신나게 흙 놀이를 즐긴다.

❷ 진흙을 이용해 표현놀이해 봄으로써 자연에 대해 소중한 마음을 가진다.

◆ 활동자료

전지, 흙, 물, 대야, 천막(비닐), 걸레, 물수건, 놀이옷, 고무헤라 등

◆ 활동방법

도입과정

- 그림에서 무엇이 보이니?
- 무엇으로 표현 하였을까?
- 작품이 주는 느낌은 어떠니?

이 작품은 리처드 롱 아저씨의 대지미술(LandArt) 이랍니다. 대지미술이란 미술관이나 그림 액자를 벗어나 자연 속에서 이루어지는 미술을 말해요. 화가는 세계 곳곳을 돌아다니며, 그 지역에서 얻은 돌멩이나 진흙, 나뭇가지 등으로 작품을 표현하고 사진으로 남겼답니다. 작품에는 주로 걸으면서 생겨난 선이나, 길의 형태, 원의 이미지가 등장해요. 오늘은 우리 친구들도 화가처럼 바깥에서 흙으로 신나게 놀이해 보아요.

활동과정

❶ 바닥에 비닐을 깐다.

❷ 흙을 탐색한다.

- 흙을 만져보니 어떤 느낌이 드니?
- ○○는 부드럽다고 느끼는구나.

❸ 흙에 물을 섞어 반죽놀이한다.

- 흙에 물을 넣고 섞으니 어떻게 되었지?

④ 지문찍기, 손바닥, 발바닥 찍기, 고무헤라 등의 도구로 자유롭게 흙놀이 시간을 가진다.

◆ 기타 및 유의점

① 거친 돌멩이가 없는 부드러운 질감의 흙으로 놀이한다.

② 황토를 사용하거나 찰흙에 물을 섞어 놀이할 수 있다.

③ 입으로 탐색하지 않도록 주의한다.

유아를 위한 명화감상 지도

01

이응노

〈문자추상〉

이응노(1904~1989)

이응노는 프랑스로 건너가 정착하며 동양미술학교를 설립하여 많은 유럽인에게 서예와 사군자를 가르쳤다. 그는 전통적인 한국화가로 시작하였지만 서양의 추상미술을 접목하여 동서양의 미적 감수성으로 독창적인 예술세계를 구축해 한국의 피카소라 불리우며, 한국 현대 미술을 개척한 대표적인 화가라고 할 수 있다.

◆ 활동목표

① 나의 이름을 자유롭게 꾸며보면서 소중한 마음을 가진다.

◆ 활동자료

도화지, 그리기 도구

◆ 활동방법

도입과정

- 무엇을 그렸을까?
- 느낌이 어떤가?
- 이 작품에 제목을 지어 본다면?

그림 같기도 하고 글자 같기도 하다구요? 문자를 따로따로 해체해서 보면 그 자체만으로는 기하학적인 형상을 가지지요. 화가는 각 문자를 해체하여 직선과 곡선이 만들어 내는 단순한 형태로 변형하기도 하고 다양하게 조합, 재구성하는 등 문자에서 추상적인 성격을 찾아내어 표현하였답니다. 문자만으로 선의 움직임과 공간을 표현하고 여백과의 관계 등 조형의 기본과 화가의 정신을 그리려고 하였어요.

활동과정

① 자기 이름에 대해 소개하는 시간을 가진다.

- 혹시 이름에 대한 의미를 알거나 얽힌 이야기가 있니?

② 도화지에 이름을 크게 쓴다.

③ 이름을 자유롭게 꾸며본다.

- 친구들이 선택하고 싶은 재료로 자유롭게 표현해 보아요.

◆ 기타 및 유의점

❶ 내 이름의 자음과 모음을 따로 떼어 표현할 수 있다.

❷ 가족이나 친구의 이름을 같이 적어서 조합해 볼 수 있다.

❸ 말린 꽃잎이나 풀 등으로 이름을 꾸며 볼 수 있다.

02

단원 김홍도의 풍속화 〈서당〉

단원 김홍도(1745~1810?)

조선시대의 대표적인 풍속화가 김홍도는 어릴 때부터 서화가인 강세황의 집에 드나들며 그림을 배웠다. 김홍도는 해학과 풍자를 곁들여 남성적이면서도 서민적인 냄새가 물씬 풍기는 풍속화를 그려서 지금까지 풍속화의 일인자로 손꼽힌다. 정조의 총애를 받아 정조의 초상화를 그리며 벼슬까지 지냈고, 벼슬에서 물러난 뒤에는 산수화를 주로 그렸다.

풍속화

자연과 사회를 배경으로 이루어지는 다양한 인간의 실제 생활의 모습과 일상적 모습을 소재로 그린 그림을 말한다.

◆ 활동목표

서당에 대해 이해하고, 자신의 생각을 표현하며 상상력을 키운다.

◆ 활동자료

사인펜, 색연필

◆ 활동방법

도입과정

- 무엇을 하고 있는 장면일까?
- 여기는 어디일까?
- 중앙에 있는 아이는 왜 울고 있을까?
- 다른 아이들의 표정은 어떤가?
- 어떤 마음으로 그렸을까?

여기는 어디일까요? 서당은 지금의 초등학교예요. 이 그림은 옛날 서당의 풍경을 묘사한 작품으로 김홍도의 대표작이라고 할 수 있어요. 작품 속에 울고 있는 한 아이를 찾아보세요? 이 아이는 왜 울고 있을까? 훈장님께 꾸지람을 들었나 보네. 숙제를 해 오지 않아서일까, 아니면 졸다가 들켜서일까? 수염이 텁수룩한 훈장님 앞에는 회초리가 놓여 있네요. 훈장님은 곧 회초리를 들어 아이를 혼내실 것 같지만 무서워 보이지 않고 아이의 엄살에 웃음을 참고 있는 것처럼 보여요. 친구들이 여기에 있다면 어떤 말과 행동을 할 것인지 상상해서 그려보아요.

활동과정

❶ 그림의 상황을 상상해 본다.

❷ 아이들의 생각을 말풍선이나 그림으로 표현해 본다.

- ○○는 저 아이가 준비물을 가져오지 않아 혼나고 있다고 생각하는구나.

◆ **기타 및 유의점**

❶ 자신의 그림을 소개하며 감상의 시간을 가진다.

❷ 김홍도의 작품과 비교하며 감상한다.

03

이만익
〈가족도〉

이만익(1938~2012)

이만익은 중학교 3학년 때 국전에 입선할 정도로 그림을 그리는 재주가 아주 뛰어났다. 단순하면서도 화려한 원색과 두드러진 굵은 윤곽선으로 토속적인 소재의 민화나 설화, 역사화 등을 주로 그렸다. 1988년 서울 올림픽의 미술 감독과 명성황후의 포스터를 제작하였다.

◆ 활동목표

❶ 가족의 소중함에 대해 안다.

❷ 점토로 표현해 보면서 소근육 발달을 돕는다.

◆ 활동자료

점토, 가위

◆ 활동방법

도입과정

- 무엇이 그려져 있니?
- 어느 계절일까?
- 주변에서 어떤 소리가 들리는 것 같니?

이 그림은 가족을 그린 '가족도'란 작품이에요. 화가는 비슷한 듯 조금씩 다른 가족의 모습을 2명~6명 등 여러 점 그렸어요. 화가의 그림에 등장하는 인물들은 모두 화면 중앙에 자리 잡고 있으며, 원근법이 없는 평평한 화면에 절제된 형태와 화려하면서도 몇 안 되는 단순한 색으로 표현하였네요. 서로 사랑하고 도와주고 칭찬해 주는 가족의 모습을 표현해 보아요.

활동과정

❶ 가족을 소개하는 시간을 갖는다.

❷ 가족의 특성을 살려서 표현한다.

- ○○는 강아지도 같이 그렸구나. 강아지도 가족이라 생각하는구나.

◆ 기타 및 유의점

❶ 가족 그리기나 가족사진으로 액자 만들기를 할 수 있다.

❷ 가족을 표현할 때 가족 구성원을 생략하거나 가족이 아닌 인물, 고양이, 강아지

등의 반려동물이 등장할 수 있으므로 심리적인 부분에 유의하여 상호작용한다.

04

고흐
<자화상>

빈센트 반 고흐(1853~1890)

네덜란드에서 태어난 고흐는 신학 공부에 열중하다 27세가 되어서야 화가의 길로 들어섰다. 초기에는 어두운 느낌의 그림을 주로 그렸다가 인상파 화가들과 사귀면서부터 타는 듯한 열정적인 화풍으로 바뀌었다. 고독과 조울증, 메니에르병 등 질병에 시달렸던 그는 격앙된 감정을 다스리기 위해 작업에 몰두하며 10년 동안 800여 점의 유화작품을 남겼다.

◆ **활동목표**

① 고흐 작품의 특징을 안다.

② 거친 입자의 사포에 내 얼굴의 특징을 살려 그릴 수 있다.

◆ **활동자료**

사포, 크레파스

◆ **활동방법**

도입과정

- 누구일까?
- 무슨 색이 보이니?
- 어떤 선으로 표현했니?
- 표정은 어떠니? 왜 이런 표정을 하고 있을까?

※ 나처럼 해봐요 이렇게~ 나처럼 해봐요 요렇게~. 동요를 부르며 교사의 행동을 거울처럼 똑같이 따라해 보면서 동기유발

이 작품은 고흐의 마지막 자화상이라고 알려져 있어요. 얼굴과 옷, 배경의 선들이 점진적으로 길어지고 굴곡이 심해지네요. 고흐는 거울을 보며 평생 40여 점의 자화상을 그렸답니다. 자화상이란 자기 얼굴을 스스로 그린 그림을 말해요. 고흐는 가난하여 모델을 고용할 수가 없었던 때문이기도 했지만, 자기의 얼굴을 그리며 외로움을 달래었답니다. 오늘은 우리도 고흐처럼 다양한 표정을 지어 보며 내 얼굴의 특징을 살려 그려보아요.

활동과정

① 거울을 보면서 다양한 표정을 지어 보며 내 얼굴의 특징을 찾아본다.

② 얼굴의 특징을 살려서 그린다.

- ○○도 고흐처럼 짧은 선으로 그림을 그리는구나.

• ○○는 밝게 웃는 표정의 얼굴을 그리는구나.

◆ **기타 및 유의점**

❶ 나와 친구의 그림과 고흐 그림의 닮은 점, 다른 점을 비교, 감상하는 시간을 가진다.

05

르느와르
〈책 읽는 소녀〉

피에르 오그스트 르느와르(Pierre-Auguste Renoir)(1841-1919)

르느와르는 마네, 모네, 드가, 시슬레 등과 함께 19C 인상주의를 선도한 화가이다. 르느와르를 인상파의 동료들과 구분 짓는 것이 있다면 그의 동료들은 풍경을 위한 풍경을 그린 데 반해 그는 인물을 중심으로 하여 그 배경으로서 풍경을 그렸다. 초기 가난했지만 낙천적이었던 르느와르는 '그림이란 즐겁고 유쾌하며 예쁜 것이어야 한다. 세상에는 이미 불유쾌한 것이 너무 많은데 또 다른 불유쾌한 것을 만들어 낼 필요가 어디 있는가!'라고 말하며 아름다운 여인이나 자연, 귀여운 아이들, 웃고 있는 사람들 등을 주로 그렸다.

◆ 활동목표

❶ 책을 읽고 인상깊었던 장면을 그림으로 표현할 수 있다.

◆ 활동자료

동화책, 도화지, 그리기 도구

◆ 활동방법

도입과정

- 사람들은 뭘 하고 있을까?
- 어떤 내용의 책을 읽는 것 같니?
- 인물의 표정은 어떠니?
- 그림 속의 소녀와 배경의 색채를 통해 평온한 감정과 분위기가 느껴지나요? 르느와르는 부드러운 색조와 여유 있는 곡선, 온화한 느낌의 그림을 주로 그림을 그렸답니다. 깊이 집중하며 책을 읽는듯한 소녀의 모습을 통해서 또 다른 상상의 세계로 여행할 수 있는 독서의 중요성에 대해 전달하려고 했지요. 친구들은 최근에 어떤 책을 읽었니요? 책을 읽고 인상깊었던 장면을 그려보아요.

활동과정

❶ 책을 읽고(듣고) 인상 깊거나 재미있었던 장면을 그린다.

❷ 그림의 장면에 대한 글이나 느낀점 등을 적어본다.

- ○○는 날개를 활짝 핀 공작을 그렸구나.

❸ 그림의 제목을 지어 본 후 소개하는 시간을 가진다.

◆ 기타 및 유의점

❶ 책 만들기를 하여 그림을 그릴 수 있다.

06

에른스트
〈잎사귀의 버릇〉

막스 에른스트(Max Ernst 1891~1976)

독일에서 출생한 에른스트는 20세기의 초현실주의에 적극 참여했다. 1925년 프로타주 기법을 창조하였으며 데칼코마니, 그라타주, 꼴라주 등의 기법을 사용하여 수많은 명작을 남겼다. 철학을 전공한 에른스트는 시적이고 문학적인 요소가 가미된 황폐한 도시나 산호초 같은 그림을 그리며 환상회화의 영역을 개척한 화가이자 조각가로 활동하였다.

◆ 활동목표

❶ 프로타주 기법에 대해 안다.

❷ 여러 사물이 가지는 재질감을 경험하고 다양하게 표현하는 과정을 즐긴다.

◆ 활동자료

복사용지, 연필이나 색연필, 동전, 요철이 있는 사물(나뭇잎, 골판지, 돗자리, 머리빗 등), 종이테이프, 가위

◆ 활동방법

도입과정

- 무엇이 보이니?
- 어떻게 표현했을까?
- 지금까지의 나뭇잎을 표현해 왔던 방법과 어떤점이 다르니?

에른스트는 프랑스 해변가의 어느 호텔에 머물던 중 마루바닥을 유심히 보다가 문지르고 싶다는 충동을 느꼈다고 해요. 프로타주(frottage)란 프랑스어 프로테(frotter)로 마찰, 문지르다의 뜻이예요. 에른스트가 바위나 나무의 거친 면에다 종이를 대고 연필로 문질러 얻게 되는 이미지에 주목한 후, 초현실주의의 독특한 기법 중 하나를 가리키게 되었답니다. 종이 위에 나타나는 신비로운 형상에 흠뻑 빠진 그는 다양한 오브제로 이 기법을 실험했고 이후 작품에 적극적으로 도입하게 되었어요. 친구들도 울퉁불퉁 요철이 있는 물건을 교실에서 찾아보고 프로타주 기법으로 표현해 보아요.

활동과정

❶ 요철이 있는 사물에 대해 이야기 나눈다.

- 울퉁불퉁한 질감을 가진 물건은 어떤게 있을까?

❷ 동전이나 나뭇잎 등 요철이 있는 사물 위에 종이를 올린 후 문지르기를 한다.

❸ 문지르기한 모양을 오려서 재구성하여 표현한다.

- ○○는 동전 세 개를 연결하여 붙여서 개미를 표현했구나.

◆ 기타 및 유의점

❶ 실외에서 거친 질감의 나무줄기나 기둥, 요철이 있는 콘크리트, 타일 바닥 등을 문질러본다.

❷ 떠낼 종이 위에 사물이 움직이지 않도록 종이테이프로 고정시킨 후 작업한다.

07

기를란다요
〈목자의 경배〉

도메니코 기를란다요(1449~1494)

기를란다요(Domenico Ghirlandaio)는 화환 제작자인 아버지 때문에 붙여진 꽃 장식가를 통칭하는 별명으로 본명은 도메니코 디 토마소 비고르디이다. 이탈리아 초기 르네상스 화가로 객관적 묘사와 세련된 화풍으로 시민들로부터 크게 환영받은 화가였다. 그는 프레스코에 뛰어나 예배당 프레스코 제작에 참여하며 스케일이 크고 장엄한 종교 풍속화와 사실적인 작품을 많이 그렸다. 미켈란젤로와 라파엘로 등에게 영향을 주었으며, 대표작으로는 성모의 일생, 노인과 어린이 등이 있다.

◆ 활동목표

① 성탄절에 대해 안다.

② 성탄을 상징하는 물건을 창의적으로 만들 수 있다.

◆ 활동자료

각종 만들기 재료

◆ 활동방법

도입과정

- 여기는 어디일까?
- 사람들은 뭘 하고 있을까?
- 인물의 표정은 어떠니?

12월 25일 크리스마스는 어떤 날일까요? 네? 크리스마스는 산타 할아버지에게 선물 받는 날이라구요? 성탄절은 아기예수의 탄생을 축하하는 기념일이지요. 그리스도의 탄생을 축하하기 위해 전 세계인이 함께 즐기는 축제일이다 그죠! 옛날 이스라엘에 요셉과 마리아가 살았는데 마리아는 예수님을 임신하여 베들레헴으로 가셨데요. 그런데, 잠잘 곳을 찾지 못한 요셉과 마리아는 외양간에 머무르다 구유(말이나 소에게 먹이를 담아주는 큰 그릇)에 아기 예수를 낳게 되었어요. 그때 양을 치던 목자들이 하늘에 유난히 큰 별이 움직이는 것을 보고 따라 갔더니 예수님이 탄생하신 외양간에 멈추어 섰고, 그곳에서 아기 예수님을 경배하였답니다.(눅2:1~7) 오늘은 크리스마스를 상징하는 기념물을 만들어 보아요.

활동과정

① 여러 가지 재료와 주제로 성탄절과 관계된 이미지들을 만들어본다.

② 그림의 장면에 대한 글이나 느낀점 등을 적어본다.

• ○○는 크리스마스 트리를 만들었구나.

③ 그림의 제목을 지어 본 후 소개하는 시간을 가진다.

◆ 기타 및 유의점

① 크리스마스 카드를 만들어 소중한 사람에게 편지쓰기를 할 수 있다.

② 각자 만든 작품을 모아서 공동작품화할 수 있다.

참고문헌

- 권상구(1994). **아동 미술 교육**. 경기: 미진사.
- 김정(1988). **유아 미술 활동**. 서울: 동문사.
- 로웬펠드 · 브리테인(1993). 서울대학교 미술교육연구회 옮김. **인간을 위한 미술 교육**. 경기: 미진사.
- 박광숙(2001~2025). **꿈그린아이 미술연구소 교육 프로그램**.
  ______(2003~2004). **21세기 미술 교육**. 서울: 그린키드교육.
  ______(2005). **유아를 위한 창의적인 조형활동**. 서울: 형설출판사.
  ______(2010). **톡 톡 튀는 환경구성 코너구성 그리고 모빌**. 서울: 다음세대.
  ______(2015). **영유아미술교육**. 서울: 양서원.
- 박광숙 외(2019). **미술교육과 미술치료**. 서울: 창지사.
- 박은경(2003). **어린이가 주인되는 즐거운 미술교육**. 서울: 어린이뜰.
- 박화윤(2010). **유아의 미술표현 및 감상교육**. 서울: 동문사.
- 백중열(2008). **아동미술치료**. 경기: 공동체.
- 서울교육대학교 미술교육연구회(1997). **유아 미술 교육학**. 서울: 학문사.
- 안경숙 외(2020). **영유아미술교육**. 서울: 양서원.
- 오연주 외(2002). **유아를 위한 미술 교육의 통합적 접근**. 서울: 창지사.
- 이소은 외(2023). **아동미술**. 서울: 양서원.
- 이승숙 외(2021). **영유아미술교육**. 경기: 정민사.
- 이정욱 외(2021). **탐색 · 표현 · 감상의 통합적 유아 미술 교육**. 경기: 정민사.
- 이정환 외(2008). **영유아를 위한 미술활동**. 서울: 파란마음.
- 이현아(2009). **유아미술교육**. 서울: 창지사.
- 이희선 외(2020). **영유아미술교육**. 경기: 어가 .
- 정효경(2008). **아이의 미래를 바꾸는 힘 다중지능**. 서울: 이지북.
- 최재영(2001). **아동 미술 활동의 지도와 이해**. 서울: 창지사.
- 캐롤스트릭랜드. **클릭, 서양미술사**. 김호경 옮김(2000). 서울: 예경.

- 한국색채연구소(2006). **아동색채교육**. 경기: 미진사.
- 홍선표(2000). **세계의 명화, 한국의 명화**. 서울: 지경사.

- Eisner, E. (1976). *The Arts, Human Development and Education.* Berkeley, CA: McCuthen.
- Feldman, E. B. (1970). *Becoming Human Through Art.* Englewood Cliffs, NY: Prentice Hall.
- Lowenfeld, V. & Brittain, W. L. (1970). *Creative & Mental Growth.* NY: The MaCmillan Company.

저자소개 박광숙

계명대학교 예술치료학과 박사수료

현재

꿈그린아이 미술연구소 소장
한국아동미술심리치료학회 부회장
계명문화대학교 겸임교수
대구보건대학교, 수성대학교 등 외래교수
서울시 종로구 육아지원센터, 환경보전실천연합중앙회 등 심사위원

저서

- 유 · 아동영재 미술 프로그램 개발(2000)
- 영유아를 위한 창의적 조형 활동(2005)
- 톡톡 튀는 환경구성, 코너구성 그리고 모빌(2009)
- 영유아 미술교육(2015)
- 미술교육과 미술치료(2018) 외 다수

영유아 미술지도

1판 1쇄 인쇄 2025년 2월 15일
1판 1쇄 발행 2025년 2월 20일

지 은 이 | 박광숙
발 행 인 | 박철용
발 행 처 | 양서원
주 소 | 경기도 파주시 직지길 522 파주출판도시
전 화 | 031-955-8000(代)
팩 스 | 031-955-8005
홈페이지 | www.yswpub.co.kr
이 메 일 | yswgroup@naver.com
출판등록 | 1987년 11월 24일 제406-2003-037호

ISBN 978-89-994-1528-9

정가 23,000원